CHINA NOW
这就是中国

何谓民主

张维为 著

上海人民出版社

目　录

百年未有之大变局

引　言

什么是民主？民主就是人民当家作主，这是绝大多数中国人的看法。遗憾的是，国际上"民主"这个词已被西方率先"注册"了，导致国际舆论场上的民主叙述迄今还是以西方话语为主。在多数西方人眼中，民主无非就是西方模式下的多党制和普选制。从中国人的视角看，这最多只是形式民主的一种，与实质民主可能没有任何关系。更何况这种民主模式正在一路走衰，从西方民主发源地希腊的"破产"，到议会民主发源地英国脱欧公投的乱象，到推动"民主输出"的美国选出了"政治素人"特朗普，到美国民众攻占美国国会山，等等，都说明了这一点。

民主问题也一直是我们思想型政论节目《这就是中国》关注的重点。自2019年初在东方卫视开播以来，这个节目广受欢迎，迄今播出已超过100期。这百期节目横跨近三年时间，也正是"百年未有之大变局"下惊心动魄的时期，发生了许多谁都没有预料到的大事，特别是2020年新冠肺炎疫情暴发，如何应对这场危机，中西方民主制度和治理模式经历了一场同台竞争。对于绝大多数中国人来说，这次疫情防控应该是有史以来最大规模的一次开放式的、体验式的制度自信公开课。中国人民对自己制度优势和西方制度劣势的认知从未像今天这么直接与深刻。

我们对中西方民主的原创性研究及许多判断，在这次疫情防控过程中得到了印证，我想这是我们节目深受欢迎的一个主因。例如，我们指出：中国共产党是"整体利益党"，西方政党是"部分利益党"；中国人民民主模式的特点是政治力量、社会力量和资本力量形成了一种有利于绝大多数人的平衡，而在美国资本民主模式下，资本力量可以全面左右政治力量和社会力量；中国模式把人民的整体利益，特别是人的生命放在第一位，而西方模式把商业利益放在第一位。基于这些判断，我们在第一时间做出预测：新冠肺炎疫情不会是中国的"切尔诺贝利"，而更可能是西方的"切尔诺贝利"。

这一切也反映在西方不少机构所做的民调中。例如，德国达利亚研究院（Dalia Research）于2020年疫情期间进行的一个大型民调发现，在被问及你的国家是否是民主国家时，高达73%的中国人认为中国是一个民主国家，而只有49%的美国人认为美国是民主国家，只有46%的日本人认为日本是民主国家。难怪反思西方民主今天在西方也成为一门"显学"！回想过去数十年中国迅速崛起的历程，中国独特的政治制度安排，无疑是中国成功的关键所在。如果我们当初没有自己的坚持，而是被西方民主话语"忽悠"，那恐怕整个国家都会面临苏联那样的命运，哪里会有今天的全面崛起。

在十年前出版的《中国震撼：一个"文明型国家"的崛起》中，我曾这样写到：随着中国的全面崛起，中国人将以自己的"价值观和成功实践来重新审视西方界定的"所有观念和标准，"如民主、专制、人权、自由、普选、法治、多党制、市场经济、政府作用、公民社会、公共知识分子、GDP、人力发展指数、基尼系数等等，该借鉴的借鉴，该丰富的丰富，该反诘的反诘，该扬弃的扬弃，该重新界定的重新界定，我们要把合理的东西吸收进来，把被颠倒的东西颠倒过来，并在这个过程中逐步建立自己独立的政治话语和标准体系，把许多被中国经验证明的成功理念和标准推荐给世界。今日世界所有的难题都需要中国人的智慧才能解决好，中国人应该当仁不让，为人类进步作出自己更大的贡献"。无疑，解构西方民主话语，建构中国民主话语是这种努力的关键环节。

今天，西方再也没有资格垄断民主话语了。中国人关于民主问题有太多的话要说，本书就是这种叙述的一部分。本书主要源于我在《这就是中国》电视节目中的演讲文稿，有些属于对民主问题比较系统的论述；有些是对中西方民主制度运作的观察和分析，特别是这次疫情防控带来的思考；也有一些是西方学者的反思。

当然，这一切只是抛砖引玉，期待更多的有识之士加入解构西方话语、建构中国话语的历史大潮！

民主：中国的探索

民主：定义之争

世界上几乎所有国家都称自己为民主国家，但我们用中国人的眼光看一下就会发现，世界上有各种各样的民主：有金钱控制的"民主"，有既得利益集团控制的"民主"，有民粹主义分子控制的"民主"，有一大批照搬西方模式，结果成了"扶不起的阿斗"的、失败的、绝望的"民主"。真正人民当家作主的国家，世界上真是不多。正是在这个意义上，我们中国进行的民主探索对整个人类社会都具有深远的意义。

我们首先要实事求是地看到，在今天这个世界上，到目前为止，民主话语还是由西方在主导，尽管西方主导的这套民主话语已经漏洞百出。讨论民主，我们首先要解构西方对民主话语的垄断，也要破除我们不少国人对西方民主话语的迷信。

如果你问美国人"什么是民主？"，他们大都会说，多党制加普选制。但如果你进一步问他们："那么我们是否可以这样说，1965年之前的美国不是民主国家？"坦率地说，多数美国人可能从未思考过这个问题。大家知道，一直到1965年，美国的黑人才真正获得了投票权。面对这个历史事实，如果仍将民主认定为多党制、普选制，那你要么得修改民主的定义，要么只能说美国民主的历史就只有短短的50多年——未来是否能运转下去，还是个未知数。

这里我们首先需要简单地界定一下民主。当今，中西方在这个问题上有不同的认知，多数中国人认为民主就是人民当家作主，而多数西方人认为民主就是选举民主，或者叫代议制民主——当然西方对选举民主进行反思的人也越来越多，因为它老是选出不称职的人当政。

其实西方这种民主定义产生发展的历史并不长，可以说，近代代议制民主是资产阶级在反对封建专制的斗争中创造出来的。19世纪的英国经济学家密尔及哲学家边沁比较系统地论述了代议制民主将产生公共利益。尤其是密尔，他的那本发表于1861年的《代议制政府》，可以说是西方学者公认的有关议会民主制的经典之作。到了1942年，经济学家熊彼特发表了他的观点，他认为现代民主不能再是古希腊的那种"古典民主"，即rule by the people，也就是所谓"人民统治"。

古希腊是西方民主的发源地。当时希腊的雅典城邦实行了民主制，男性公民（不包括女性，也不包括占人口绝大多数的奴隶）通过公民大会来决定宣战与媾和、法庭终审等重大事宜。古希腊伟大的思想家苏格拉底，因"腐蚀青年思想"之罪，被这种制度判处了死刑。他的学生、古希腊的另一位思想巨人柏拉图对此愤愤不平，认为这是"暴民"统治。这位比孔子晚124年出生的西方先贤一贯认为：人的智力、品行和能力是有差异的，而古希腊的民主制度否认这些差异，预设所有男性公民，不分良莠，都行使同样的政治权力，结果导致了"暴民"政治。为了说明自己的观点，柏拉图还提出了一个发人深省的问题：如果你病了，你是召集民众为你治病呢？还是去找医术精湛的大夫呢？你一定会去找医术精湛的大夫，那么治理一个国家，其责任和难度远远大于一个大夫，你该找谁呢？

在现代语境下，熊彼特同样认为，"人民统治"不现实，无法操作，他也把民主界定为少数精英通过竞争获得民众的选票，进而获得国家的领导权和决策权。换言之，民主不再是"人民统治"，而是"人民选择统治者"来统治。[1]

西方一些国家现在把本应该是内容丰富、文化深厚、操作精致的民主大大简化，连经济发展、教育水平、法治社会、公民文化这些优质民主的基本要素都变成了可有可无的东西，唯有一人一票的"程序民主"才代表真正的民主，并以此作为标准评判其他国家，甚至进行"民主输出"，结果导致第三世界的劣质民主层出不穷。

西方之所以接受了这种民主的定义和相关的制度安排，我个人认为很大程度上是因为西方国家的资本力量发现了一个秘密：选举的过程，在宏观层面是可以操控的。西方国家资本的力量早已完成了对社会力量的控制，特别是对主流媒体的控制，也完成了对政治力量的控制，无论怎么选，总体上看，最终赢得选举的人都是可以保护资本力量的政治人物。当然，西方民主后来遇到了许多新的挑战——选民保持理性之难，金钱卷入之多，新媒体参与之深，大数据、人工智能对西方选举制度的挑衅之大，民粹主义之泛滥，等等——使我们看到西方民主面临的多重危机。美国特朗普的当选、英国的脱欧公投等各种黑

---

1 ［美］约瑟夫·熊彼特：《资本主义、社会主义与民主》，吴良健译，商务印书馆，2009年。

天鹅事件，今后恐怕会越来越多，西方民主这个"灯塔"所发出的光芒似乎越来越暗淡，连自己前行的路都难以照明，遑论照亮别人的路。

除此之外，西方主流话语还创造了一个所谓"民主还是专制"的神话，用学术话语表述叫"范式"，当然这个范式中的"民主"，只能由西方一家说了算，只要你的制度跟我们西方不一样，你就是专制。民主代表繁荣、富强、自由，专制代表封闭、愚昧、落后。

BBC（英国广播公司）曾播出过一个政论系列短片《自由2014》（*Freedom 2014*），在其中一集里，一个退役的加拿大宇航员，展示了一幅他在冷战时期从外太空拍摄的柏林夜景。他这样说：你们看这张照片，明亮的部分是西柏林，暗淡的部分是东柏林。它说明了什么？它说明，一边是一个自由繁荣的民主国家，另一边是一个封闭落后的专制国家。有意思的是，大家如果去过柏林就知道，如果要比夜景的明亮璀璨，今天的柏林连我们的二线城市都比不上。但这位宇航员的话告诉我们一个事实，就是西方长期以来把经济繁荣与西方民主制度联系在一起。好在中国经济现在总体上比多数西方国家更加繁荣，所以只有西方民主可以带来繁荣的神话早已不攻自破了。

其实无论从哪个角度看，"民主还是专制"的范式早就落后于我们这个时代了，可以说，这个范式现今已沦为西方颠覆其他国家的意识形态工具。那么，我们有没有可能提出一个更加客观中性的范式取而代之呢？我觉得是可以的。我多次讲过一个观点，如果我们一定要把世界上的政治简化为两大类，那只能是"良政还是劣政"，即良好的政治治理，英文叫good governance，或者是恶劣的政治治理，英文叫bad governance，当然真实的世界要复杂得多，许多国家处在两者之间。

我们还可以进一步推论：良政可以是西方的政治模式，西方有一些国家治理得还可以（虽然有很多治理得很糟糕）；良政也可以是非西方的政治制度，中国就属于这一类，虽然我们还有不少问题，但总体的治理水准明显高于世界上绝大多数国家，这其中包括许多西方国家。同样，劣政也可以是西方的政治模式，采用西方民主模式而成为"扶不起的阿斗"的国家，比比皆是；劣政也可以是非西方的政治制度，有一些国家采用非西方的政治制度也没有治理好。所以在对一个国家的政治制度进行评判时，"良政还是劣政"范式是对西方"民主还是专制"范式的颠覆，国际社会尤其是学术界对这个新范式也给予了越来越多的关注。[1]

但这又产生了一个新的问题，就是良政和民主是什么关系呢？我认为，西方人习惯的"多党制+一人一票"最多只是程序民主，中国人更关心的是实质民主，而良政本质上就是我们讲的实质民主，也就是人民真正当家作主。整个中国，在过去数十年里，总体上就是沿着这个思路一路探索过来的。我们从

1　仅以2021年为例，便有多位学者运用"良政""劣政"概念及相关范式分析问题，如M.S. Adedayo, "Good Governance, Bad Governance: The Politics of Coronavirus Pandemic in Nigeria", in RAIS Conference Proceedings, Mar. 1-2, 2021, pp.114-122。

实质民主的目标出发，不断探索符合自己民情、国情的形式民主，现在证明这条道路走对了，而且越走越宽广。相反，西方把民主简化地界定为程序民主，即所谓"多党制＋普选制"，结果路越走越窄，这是今天西方国家很多问题和危机的根源。

从"一盘散沙"到人民民主

众所周知，过去百来年中，中国尝试了几乎所有主要的西方民主形式。辛亥革命前后，我们尝试过君主立宪制、议会制、多党制、总统制，尝试过各种各样的所谓宪政，但结果都失败了。辛亥革命之后，中国效仿西方议会民主，建国会，立政党，一下子冒出300来个政党、团体，国民党曾在议会选举中获得过压倒多数的选票，国民党领袖宋教仁信心满满准备组阁，结果1913年在上海遇刺身亡。现在已有不少学者对这个时期的中国政治生态进行了研究，发现民国初年的这些政党，都是忙于"党争"的政党，找不到一个真正为全国老百姓谋利益的政党。宋教仁遇刺后，等待中国的是更大的混乱，袁世凯死后中国陷入军阀混战，而每个军阀后面，都有某个西方国家的支持，结果是中国人相互厮杀，战乱不已，生灵涂炭。

新中国成立以后，中国开始探索建设社会主义民主。这是一种认真的探索：如何在一个超大型的国家里，做到人民当家作主，做到绝大多数人的利益得到代表，得到反映，得到维护，得到推动，做到真正的良政善治。应该说新中国成立后"前三十年"的探索既有成功的经验，也有挫折和教训。成功的经验是，我们建立了中国的社会主义政治制度，包括人民代表大会制度、政治协商制度、统一战线制度等，随着中国的崛起，这些政治制度的价值越来越得到体现和承认。但我们也经历过"文化大革命"这样的挫折，当时想通过"大鸣、大放、大辩论、大字报"等形式，来实现大民主，但结果出现了很多混乱，许多地方几近失控。

1978年改革开放以来，我们又进行了大量的有益探索，在改革开放之初，邓小平明确地提出我们要"在政治上创造比资本主义国家的民主更高更切实的民主"[1]。所谓更高，就是要能够真正地代表最广大人民的根本利益；所谓切实，就是要给人民带来真正看得见、摸得着的利益，也就是今天所说的"获得感"，而不能成为政客的"清谈俱乐部"，那是国人痛恨的"空谈误国"。

过去很长时间内，中国人被认为是"一盘散沙"，不团结、"窝里斗"，这和中国人口多、人均资源较少有关。鸦片战争后一次又一次巨额战争赔款，辛亥革命后的军阀混战等，导致中国的经济更加凋敝，民生更加艰难，人均占有资源更少。此外，中国广大农村历来是以自给自足的小农经济为主，分散、孤立、封闭，多数农民只关心自己的"一亩三分田"，社会自组织能

---

1 《邓小平文选（第二卷）》，人民出版社，1983年，第322页。

力极端匮乏。虽然儒家提倡"家国情怀"，但中国当时缺少把"家"与"国"联系起来的经济基础和政治制度。这种"一盘散沙"的局面使中国大规模的工业化建设举步维艰，根本抵挡不住西方列强发动的一场又一场战争，最终整个国家陷入了任人宰割的悲惨境地。

毛主席说："十月革命一声炮响，给我们送来了马克思列宁主义。"[1]中国的仁人志士一下子看到，马克思主义可以让占人口绝大多数的劳动人民走上政治舞台。马克思在《共产党宣言》里说，无产阶级的运动是绝大多数人的、为绝大多数人谋利益的独立的运动。[2]这就是我们今天讲的人民主体。我们今天讲"不忘初心"，我们的"初心"就是我们所做的一切归根结底是要让中国绝大多数人受益。在新民主主义革命年代首先就是要摆脱帝国主义的压迫，实现民族独立和经济发展。1925年，毛主席在他32岁的时候，为当时一份叫《政治周报》的杂志撰写了发刊词，他写道："为了使中华民族得到解放，为了实现人民的统治，为了使人民得到经济的幸福。"[3]请注意毛主席把"实现人民的统治"，与争取民族独立和人民走向富裕放在一起，我想这可能就是"人民民主"这一表述最早的版本之一。

仁人志士在探索中华民族的复兴之路时虽道有不同，但可以说有一个共识，即中国首先需要把人民组织起来，解决"一

---

1 《毛泽东选集》（第四卷），人民出版社，1991年，第1471页。
2 ［德］卡尔·马克思、弗里德里希·恩格斯：《共产党宣言》，人民出版社，2015年。
3 《毛泽东新闻工作文选》，新华出版社，1983年，第10页。

盘散沙"的问题，这样才能使中国获得民族独立，使人民成为国家的主人。中国共产党在成立初期主要还是一个以信仰马克思主义的知识分子为主要成员的政党。1924年开始国共合作，当时中国共产党内部有两种倾向：一种是走上层精英路线，只注意同国民党的合作；另一种是只注意工人运动，忘记了农民。毛主席的过人之处在于，他通过大量的实地考察，准确地把握了中国社会跳动的脉搏。在湖南农村做了一个多月的实地调研后，他于1927年初发表了《湖南农民运动考察报告》，明确指出了农民是中国最广大的人民群众，是中国工人运动最伟大的同盟军。毛主席明确提出了中国共产党要依靠和发动工农群众的思路，这就是他后来反复论述的两个观点："组织起来"和"群众路线"。这两点构成了"人民民主"的核心内容。

通过实行群众路线，组织农会打土豪分田地，中国共产党把中国最基层的民众组织起来了，解决了这个长期困扰中国的"一盘散沙"问题，解决了推翻"旧社会三座大山"的最大动力的问题，也为中国成为现代国家，实现后来被历史学家黄仁宇称为现代国家必备能力的"数目字管理"奠定了基础，为人民民主体制下的高效治理提供了前提。

新中国成立前，当中国还处在"一盘散沙"状态的时候，4 000多人组成的英国舰队就可以打败拥有4亿人口的大清帝国，逼中国签下丧权辱国的《南京条约》。但当中国人民组织起来之后，一穷二白的中国就可以赢得抗美援朝战争的胜利，可以成建制地击溃武装到牙齿的美国军队和英国军队。从保家卫国到民族复兴，被组织起来的人民拥有让世界震撼的力量，中国的面貌发生了翻天覆地的变化，短短70来年，中国综合国力全面跃升，人民生活水平大幅提高。至2014年，按照购买力平价计算，中国已经成为世界最大的经济体。[1]

在中国革命过程中，毛主席还创造性地把群众路线扩展为"统一战线"理论。红军长征抵达陕北后的1935年底，毛主席分析了国内外时局的变化，提出中国共产党不再提建立"工农共和国"，而是要建立"人民共和国"。他说，"我们的政府不但是代表工农的，而且是代表民族的"。[2]毛主席还把群众路线与列宁提出的民主集中制结合了起来，使群众路线成为中国走向成功的方法论，也就是我们所熟悉的"从群众中来，到群众中去"的组织和决策程序。当然在探索人民民主的过程中，我们也走过弯路，特别是上世纪发生的"文化大革命"，"大鸣、大放、大辩论、大字报"，"踢开党委闹革命"等，社会法制遭到严重破坏，甚至出现了大规模的群众斗群众现象，最后不得不依靠"军管"来恢复社会秩序。

理解了这个大的历史背景，我们就可以更好地理解我们今天对"人民民主"三位一体的完整表述：党的领导，人民当家作主，依法治国。更具体地说，人民当家作主是目的，这个目的最重要的体现就是最广大人民群众利益的最大化，而"党的

---

1 根据世界银行发布的数据，基于购买力平价（PPP），2014年中国的GDP总量为18.2万亿国际元，位居世界第一，美国为17.4万亿国际元，列第二。
2 《毛泽东邓小平论中国国情》，中共中央党校出版社，1992年，第29页。

领导"和"依法治国"是实现这个目的的"双重保险"。

第一重保险：党的领导。这意味着一个代表人民整体利益的政治力量，走群众路线，形成最广泛的社会共识，确保人民当家作主的目的得到落实。确保党的领导是为了防止出现民粹主义、金钱政治、民族分裂和西方推动的颜色革命。如果没有一个代表人民整体利益的政治力量来统筹这一切，那么这其中任何一项，都可能使人民当家作主化为乌有。

有人说，不需要任何组织来领导，我们可以自己实现当家作主。我说，你太天真了。中国的人口规模相当于100个普通欧洲国家的人口之和，没有组织领导，怎么自己当家作主？搞选举要有人来组织，谁来组织？突然有1 000个人要来竞选，谁来负责甄别候选人？1 000人的名单如何压缩？从程序设计到具体操作，这个过程引起的争议谁来解决？整个选举过程中，如何防止金钱的侵蚀？如何防止家族势力的干涉？如何防止黑社会的卷入？还有如何防止西方势力的渗透，如何防止他们通过互联网煽动对抗，制造颜色革命？等等。世界上这样的情况还少吗？从埃及到叙利亚到苏联不都是这样吗？这已经造成了多少人间悲剧？2019年发生在香港的"修例风波"不也是这样吗？一个人口只有700多万人的发达经济体说乱就乱了，这个教训还不深刻吗？

如果没有一个代表人民整体利益的政治力量来领导民主建设，那么这个领导力量最大的可能就是落在资本手里，而且是西方的资本力量手里，那就不是中国人民当家作主，而是西方资本力量当家作主。资本力量可以呼风唤雨，随时扶持1 000个非政府组织，随时炮制1万条假新闻，搞得天下大乱，目的就是把你们国家和百姓的财富洗劫一空，这是多少国家所经历过的悲剧。

第二重保险：依法治国。这意味着通过法律和制度来落实和保障人民当家作主。对于中国这样一个超大型的国家，政治参与要依法有序进行，否则就会出现上面讲的资本力量主导的局面，最后天下大乱。依法治国首先是依宪治国，宪法是中国人民整体利益的护身符。

大家知道，西方议会民主源于13世纪英国《大宪章》对贵族私有财产的保护，所以西方民主的基因一直是富人政治，迄今没有改变。作为比较，我们可以看看我国宪法关于中国经济制度和财产制度的规定。《中华人民共和国宪法》明确规定：生产资料的社会主义公有制是社会主义经济制度的基础。在社会主义初级阶段，坚持公有制为主体、多种所有制经济共同发展的基本经济制度。社会主义的公共财产神圣不可侵犯。公民的合法的私有财产不受侵犯。国家依照法律规定保护公民的私有财产权和继承权。

顺着这个思路，我们来比较一下苏联与中国走过的路，看看党的领导和依法治国这"双重保险"对于确保人民当家作主的意义。

在西方势力的鼓动下，1990年2月，苏联决定修改《苏维埃社会主义共和国联盟宪法》第六条，放弃了共产党的领导，随之而来的就是放弃社会主义公有制；1991年7月，苏联通过了《关于企业非国有化和私有化原则法》，这之后不到半年，也就是1991年12月25日，苏联便寿终正寝，国家解体，而苏联最广大的人民成为最大的受害者。

此时的苏联人民，任何"保险"也没有，既没有代表人民整体利益的政党来保护自己的权益，也没有任何法律来阻止西方势力和俄罗斯寡头势力对国家财产和百姓财富的疯狂掠夺，这其中包括百姓的养老金和储蓄。卢布说贬值就贬值1 000倍，银行说倒闭就彻底倒闭，百姓几十年积累的血汗钱灰飞烟灭。当时俄罗斯媒体早被亲西方的资本力量掌控，先是全面鼓吹私有化，然后是全面唱衰俄罗斯经济，制造极度的社会恐慌。普通百姓最可怜，他们争先恐后出售自己私有化期间得到的股票和债券，而美国等西方国家和俄罗斯寡头乘机以最便宜的价格统统买进，从而轻而易举地把苏联人民70年积累的财富洗劫一空，这可能是人类历史上最大的一次财富浩劫。随之而来的是社会全面失序，失业率、犯罪率急剧上升，非正常死亡剧增。俄罗斯朋友对我说，本来以为俄罗斯要成为北欧，没想到成了非洲。

与此形成鲜明对照的是中国。我们通过"双重保险"确保人民当家作主，确保最广大人民的利益最大化。党作为代表人民整体利益的政治力量，通过民主集中制进行中长期规划和理性决策，推动整个国家以趋利避害的方式融入全球化，使中国绝大多数百姓最终成为全球化的最大受益者。短短数十年，中国一跃变成世界最大的经济体（依购买力平价计算），消除了世界人数最多的贫困，创造了世界规模最大的中产阶层和有产阶层，向世界输出了最多的游客，现在又进入世界第四次工业革命的第一方阵。我们依法治国，我们宪法中关于社会主义初级阶段的规定，关于公有制为主体、多种所有制经济共同发展的规定，关于保护公有财产也保护私有财产的规定等，都使中国人民的发展权和财产权得到了最有效的保障，有效制止了全面私有化的企图，有效防止了中国百姓的财富被西方资本力量洗劫一空的悲剧。可以说，在党的领导和依法治国的"双重保险"下，中国人民不仅实现了自己国家的全面崛起，而且实现了人民当家作主，实现了最广大人民利益的最大化。

在"双重保险"的条件下，人民当家作主既有程序民主的一面，又有实质民主的一面。我曾经和美国学者辩论过这个问题。我说，比较中美两国的民主制度，在程序民主方面，中美双方都有很大的改进余地，但在实质民主方面，中国做得比美国好，好很多。

美国学者说，你们人民代表的选举不民主，美国的选举才叫民主。我说，我们人民代表的选举确实可以改进，但是对于美国的选举，我们从大数据来看，美国现在大选的参选率为55%左右，当选率为52%左右，也就是说，100个选民中，只有55人参加选举，你得了55票中的52%的票，也就是20多票，便能当选，这也能叫民主？[1]从中国人的角度看，这是笑话。他

1　关于历届美国总统的选举数据，可查看"美国总统项目"（The American Presidency Project）网站（www.presidency.ucsb.edu）。

说，这就是民主，因为程序正确。我说，这个程序是你们自己制定的。我建议他查一查美国盖洛普公司过去十年的民调，看看美国国会在美国公众中的支持率：几乎从未超过20%。[1]当民主质量下降到这样一种水平，还要说这是个好制度，还要向全世界推销，何以服人？这种制度应该更多是反省的对象，而不可能是学习的榜样。

再来看看中美两国实质民主的比较。中国人民当家作主的标志是人民代表大会制度，中国的人民代表大会讨论的事情，就是老百姓关心的事情。在今天这样一个信息技术时代和大数据时代，要了解老百姓关心什么问题并不困难。中国通过大量调查研究，包括许多民调，来了解民众最关心的问题，然后各级人大就讨论这些问题，寻找解决问题的办法。以过去十来年为例，中国的人大密集讨论过三农问题、义务教育问题、医疗改革问题、养老问题、生态文明问题，等等。针对这些民众真正关心的问题，提出各种对策，反映到政府工作报告和各种法律文件中。这就叫实质民主，美国能做到吗？美国国会讨论的议题大都还是通过利益集团和游说组织设置的。美国能不能把华盛顿K街上的数千家游说公司统统废掉呢？美国的国会能不能像中国人大那样，直接讨论多数老百姓最关心的那些问题呢？比方说他们关心自己的实际收入40来年（从1974年到

---

1 近年来，美国国会支持率有所上升，尤其在2020年特朗普支持率下降时，国会支持率一度上升至30%，这已为近十年最高水平，详见盖洛普网站（Gallup.com）。

2014年）没有增长[1]，他们关心美国日益严重的贫富差距，他们关心社会治安恶化的问题，他们关心控抢的问题，等等。如果美国国会连讨论这些老百姓最关心的问题都做不到，怎么好意思称自己是民主国家呢？中国这些年进步快，美国退步也快，便与两国实质民主的质量不同有关。看一看2019年益普索（Ipsos）公司所做的跨国民调，91%的中国人对国家的发展方向表示满意，美国是41%。[2]我想它反映出来的就是实质民主质量上的差别。

人民民主的方方面面

人民当家作主的民主还反映在协商民主、网络民主、决策民主、领导人选贤任能制度安排等许多方面。

首先是协商民主。我遇到过外国学者说，协商民主算什么民主？只有多党制＋一人一票才叫民主。我说，你错了。我个人认为协商民主恐怕是当代世界最好的民主形式之一。我曾多次公开批评英国通过公民投票决定脱欧，这种将形式和票决看成至高无上的民主形式，可谓极其落后。这种简化是对本应该文化深厚、形式多样的民主的巨大伤害。相比之下，中国在协

---

1 Joseph E. Stiglitz, "Inequity in America: A Policy Agenda for a Stronger Future", in *The Annales of the American Academy of Political and Social Science*, Vol. 657, No.1, p.10.
2 Ipsos Public Affairs, "What Worries the World?", March 2019.

商民主模式下作出的政治决策效果要好得多，先进得多。如果以移动通信来比喻的话，这是5G和1G、2G的差别。当然英国可以坚持自己的1G、2G，拒绝更加先进的5G，不过可能的后果是"大不列颠"最终会变成"小不列颠"。

协商民主对于中国这么一个超大型的国家十分重要，因为中国拥有14亿人口。在小国，如果一个决定有90%的人赞成，10%的人反对，那是压倒性的多数，是决定性的胜利，然后"赢者通吃"，那10%的人的意见不被决策考虑。但是在中国这样一个超大型的国家，10%的人的反对，那也是1.4亿人口啊，这是一个很大的数目，所以"有事好商量"一直是中国政治文化的重要组成部分。像英国公投那样，或者像美国总统选举那样，靠简单的票决制，哪怕是只多1%或者3%的选票优势，就可以"赢者通吃"，这与中国的政治文化格格不入，特别是在涉及多数人利益的重大问题上，中国人的文化不可能接受"赢者通吃"。如果在中国那样做的话，是要天下大乱的，这是治理中国这么一个超大型国家的常识判断。

协商民主在中国的精彩，在于它在从上到下的各个层面都存在，高层至党中央、全国人大、全国政协，基层至一个单位、一个小区、一个村庄、一个社群，协商民主是大家每天都在实践的东西。在高层，中央每个重要的决策，都要经过大量的调研，形成初步方案，几上几下地征求意见，最后才做出决定。在基层，单位评先进，村里修路，小区加装一批充电装置，大家都要协商协商，征求征求意见。当代中国是使用微信的国度，大家一会儿拉一个群，一会儿又拉一个群，其中很多都是为了"商量一些事儿"，这在很大程度上反映的就是中国人"有事好商量"的文化传统。微信之所以在中国被广泛接受，与其提供了"有事好商量"的便捷手段不无关系。相比之下，西方国家所标榜的民主在绝大多数情况下，仅仅局限在每四五年选举一次国家领导人。

第二，决策民主。某种意义上，这是协商民主的衍生物。我们现在每年都有人大和政协的"两会"，"两会"召开之前都有大量的民调，了解老百姓最关心哪些问题，这叫议题设置。也就是决定"两会"应该讨论什么问题，哪些问题先讨论，哪些问题后讨论，那些问题不讨论，这是决策民主的第一步。议题确定之后，经过讨论，对这些问题的回应，往往就体现在国务院总理的政府工作报告及其在两会期间的讨论和修订过程中，最后人大通过政府工作报告，通过有关法律法规，形成全民共识，大家一起去落实。

美国国会的议题是怎么设置的呢？它是各种利益集团通过资金雄厚的、高度组织起来的游说集团来设置的。例如，军工利益集团是美国最大的利益集团之一，所以即使没有敌人，该集团也要为美国创造一个敌人，这样美国就有理由增加军费，增加武器采购，该集团从而成为最大的受益者。正是在这个逻辑下，美国军工集团便炒作"中国威胁"的论调，动员他们的智库和学者推出各种报告，资本力量控制的媒体也跟着一起鼓动，游说集团有资本支持，可以请到最有名的专家学者，搞无数个听证会、论证会，很快就创造出各种热门话题。这些人做这些事情熟门熟路，炉火纯青，很快就可以把"中国威胁"这样的舆论炒热。

美国社会最关心的问题，例如2019年枪伤死亡人数超3万人[1]，美国国会能讨论吗，即使讨论了，能形成有利于多数人利益的决定吗？太难了，这个体制早就被各种既得利益集团和它们所控制的游说集团绑架了。我跟美国人说，如今想了解人民真正关心什么问题，没有那么复杂，除了找几个靠谱的民调机构做做民调，还可以依靠各种大数据。把华盛顿的那些游说集团统统关闭，美国民主的质量就可以成倍地提高，否则美国的民主只能是无法真正反映民意的低质民主乃至劣质民主。

中国地方政府的驻京办，经常被我们自己的媒体批评滋生腐败，然而去看看美国的首都，可谓到处都是美国既得利益集团的"驻京办"。英国《经济学人》杂志说，"美国的民主已经变成了明码标价的商品"，"美国平均每位国会议员有20多名说客，为自己所在利益集团争取利益"。[2]但这些政治腐败在美国却全是合法的。我们对待腐败的态度是从严治党，严惩腐败；美国却是把大量的腐败合法化。所以从统计数字上看，美国的腐败数据居然不算严重。但我想如果用我们中纪委的标准来衡量美国的腐败情况，那大概比现在数据呈现出来的严重五倍都

1　根据"枪支暴力档案"（Gun Violence Archive）的统计，2019年截至12月10日，美国枪伤死亡人数为36 993人。

2　"What's Gone Wrong with Democracy", in *The Economist*, Mar. 1, 2014.

不止。腐败合法化给美国带来了越来越多的深层次伤害。

中国决策程序体现了一种新型的民主集中制。民主集中制来自苏联，但是在苏联僵化了，结果变成了只有集中、没有民主。中国今天实行的新型民主集中制，是一种体制化的协商和磋商。例如，在制定国民经济和社会发展五年规划时，基本上要用一年半的时间，从中央到基层，上上下下各个层面，成百上千次地协商、磋商，最后拿出来的是一个站得住脚，可操作的五年规划。某种意义上，中国过去数十年的成功，就是一个接一个切实有效的五年规划的制定和落实的成功。像美国可以随意发动两场不明智的战争，可以不和自己的农民、企业商量，就任性地对中国发动贸易战，在中国是不可想象的。结果美国的政客害苦了美国的农民和许多企业，2018年、2019年这两年，美国农业收入减少了50%。[1]这正验证了当年法国思想家卢梭对英国代议制民主的描述，他说，英国人"只有在选举国会议员的期间，才是自由的；议员一旦选出之后，他们就是奴隶，他们就等于零了"。[2]

第三，经济民主。从宏观看，经济民主最本质的内容就是把"人民当家作主"落实到经济领域，使经济制度的设计，经济规划的制定和执行，都有利于最广大人民的根本利益。经济民主的基础是党的领导和公有制占主体的基本经济制度。党的领导，确保了经济发展"以人民为中心"，确保了多数人成为经

---

[1] 《算算"关税账"，美国农民损失有多大》，《人民日报》，2019年5月24日。
[2] ［法］卢梭：《社会契约论》，何兆武译，商务印书馆，2017年，第121页。

济发展的受益者。公有制占主导——包括土地的公有制和土地使用权的多样化，包括在关系国计民生的战略领域内一批大型国企的存在，包括国家对许多战略资源的拥有——这些使国家手中有足够的资源，来贯彻和落实"以人民为中心"的发展方针，这与美国资本力量独大的制度安排，形成了鲜明对照。在过去数十年中国参与全球化的过程中，中国的经济民主使绝大多数中国人都是全球化的受益者，多数中国人的财富在过去数十年中大幅度提高，而美国多数人的实际收入在过去40年中几乎没有提高，贫富差距急剧扩大（参见前文所引约瑟夫·斯蒂格利茨〔Joseph Stiglitz〕的文章）。中国今天已经形成了世界最大的中产阶层，而美国的中产阶层则在不断萎缩。

在微观层面，经济民主一般指在具体经济活动中，如何最大限度地发挥员工的积极性等，这方面中国企业有许多探索和创造，包括职工对企业发展的各种合理化建议可被采纳的机制，包括企业党建的许多实践，包括华为等公司的职工股权激励，等等。

第四，网络民主。随着新媒体的崛起，中国网络民主的势头引领全球。大家在网络世界里热烈讨论各种时政话题。网民对中国政府工作的方方面面提出建议和建设性的批评，政府对各种社会问题的回应效率大概也是全世界最高的。中纪委有"一键通"举报窗口，使举报腐败成为轻而易举的事情；国务院有"一键通"小程序，任何人都可以就国家政务进行投诉或提出建议；全国政协委员的手机上有咨政建言的App，叫"移动履职平台"，可以随时就各种问题发表自己的看法和建议，更重要的是，全国政协办公厅还要对大家的意见和建议进行整理，把各种好的建议，包括许多富有创意的建议，上报给中央领导和各个相关的政府部门。应该说在采用互联网新技术手段了解民意、咨政建言上，中国走到了世界最前沿。

最后就是"选拔＋选举"产生国家领导人的制度。一个国家的民主制度是不是优越，一定要体现在能不能产生优秀的领导人上。在这方面，西方的制度可以简称为选举制度，中国的制度可以简称为"选拔＋选举"制度。经过数十年的探索和实践，我们形成了能够致力于维护、推进民族长远和整体利益的领导团队和梯队结构。这套制度安排意味着，高级领导人的晋升必须经过大量的基层锻炼，经过不同岗位的工作实践。他们往往担任过几个省的负责人，治理过上亿人口。虽然这种制度安排还在不断完善之中，但就现在这个水平而言也可以和西方选举政治模式竞争。我的一位英国朋友对我说，虽然他不信仰共产主义，但如果把中国、美国、英国的领导人放在一起相比较，那反差实在是太大了，中国领导人显然更为优秀。过去西方话语创造出一种神话：只要制度好，选个傻瓜治国也没有关系。随着中国的崛起和中国模式治理能力优越性的凸显，现在没人敢吹这个牛了。在发展中国家，政治与经济发展的关系密不可分，领导人的素质往往在很长时间内对一个国家的命运具有决定性的影响。即使在美国这样的国家，令人不敢恭维的小布什连任两届总统，结果领导无方，美国国运便直线下降，世界迅速进入了"后美国时代"[1]，更不用说特朗普这样的总统了。

　　总之，虽然我们的民主制度还可以完善，在实质民主和形式民主的许多方面，我们都可以做得更好，但在上述五个涉及民主的关键领域内，中国的人民民主模式显然经得起国际比较，特别是和美国模式的比较。

从民调看民主

　　西方民主模式一路走衰是不争的事实，但也有一些西方政客想要挽回西方民主的颓势。2017年，北约组织前秘书长安诺斯·福格·拉斯穆森（Anders Fogh Rasmussen）等人发起成立了一个所谓的"民主联盟基金会"（Alliance of Democracies Foundation）。从2018年开始，每年在丹麦首都召开一次"哥本哈根民主高峰会"。在2020年6月召开的"高峰会"上，会议主办人拉斯穆森邀请了"美国史上最差国务卿"迈克·蓬佩奥（Mike Pompeo）、台湾的"蔡省长"，还有"港独"分子黄之锋等发表视频演讲，共同散布了不少反华的"政治病毒"，几近"完美"地展示了蓬佩奥的名言："我们说谎、我们欺骗、我们偷窃！"

1　Fareed Zakaria, "The Post-America World", www.newsweek.com, May 3, 2008.

但随着美国等西方主要国家在新冠肺炎疫情防控方面的溃败，西方民主模式在西方内部也广受质疑，在中国人心目中更是走下了神坛。我自己长期对西方民主制度的研判几乎全部得到印证。比方说，我认为西方民主存在四大基因缺陷。首先它预设"人是理性的"。事实上，金钱的侵蚀，新社交媒体的出现等都使保持理性变成一种奢侈。在新冠肺炎抗疫过程中，连戴口罩都会引来这么多非理性的争论，真是令人咋舌。二是"权利是绝对的"。新冠肺炎疫情中多少西方人只讲自由、权利，不讲义务，造成的结果是灾难性的。三是"程序是万能的"，只要程序正确，什么都是对的。2016年，美国"赢者通吃"的选举人团制度——这个制度是前工业革命时期的产物——选上去了特朗普，但特朗普所得的总票数低于他的竞选对手。四是"资本力量是决定性的"。在抗击新冠肺炎疫情上的国际比较使我们最真实地感受到了资本力量是如何左右西方国家疫情防控的，资本和商业利益总是高于人民的生命安全。中国人人都懂的"人命关天"和人人都痛恨的"草菅人命"，在美国政治文化中居然无所顾忌。

如前所述，西方主流社会一贯喜欢用民主和专制这个范式来分析整个世界，民主是好的，专制是坏的。而什么是民主又是他们界定的，主要指多党制和一人一票。从这样的偏见出发，西方在民主问题上做出的很多评判和排名，往往不靠谱。比方说，英国经济学人集团的智库经济学人信息部（The Economist Intelligence Unit，简称EIU）从2006年开始，每年都推出一个民主指数（Democracy Index），用来评估一个国家的民主状况。在2020年的排名中，中国在167个国家中排名第151位，排在喀麦隆、苏丹、吉布提等非洲国家后面。[1]这个民主指数在国际上饱受批评，其中一个重要问题就是暗箱操作。它的做法是列出60来个问题，然后请所谓的"专家"打分，但组织方却从未公布过这些专家的背景，包括他们的专业、国籍等。换言之，这个排名的方法本身就不民主，没有透明度可言。

新冠肺炎疫情暴发后，西方主流精英起初都坚信他们的民主制度一定可以比他们眼中的"专制"制度能更好地应对疫情，结果却令人大跌眼镜。很有意思的是，拉斯穆森创办的"民主联盟基金会"下属的"拉斯穆森全球"（Rasmussen Global）委托德国的达利亚研究院做了一个民调，不知是不是他们也感到经济学人信息部排名的困境，这次他们采用了网络民调的方法，调查是匿名进行的，这大概是新冠疫情暴发后的第一个关于民主问题的大型民调。他们问了53个国家的普通民众，而不是所谓专家的意见，其结果与经济学人信息部专家的排名大相径庭。其中不少内容对我们思考民主问题和进行中西方民主比较很有帮助。

基于这个民调，达利亚研究院在自己的网站上公布了他们的"民主认知指数2020"（Democracy Perception Index 2020）报告。这个报告提出了一个概念，叫作"认知中的民主赤字"（perceived democratic deficit），简称"民主赤字"，它的评估方

---

1 "Democracy Index 2020, In Sickness and in Health?", A Report by The Economist Intelligence Unit, 2020.

式包含两个问题：一个问题是，对你来说，民主重要还是不重要？假设100个人的答案都是民主重要，另一个问题便是，你认为你的国家是民主国家吗？假设这100个人中80%的人认为是，那么这个国家的"民主赤字"就是100%-80%=20%。

几乎所有国家都有超过50%的民众认为民主非常重要，但比较而言，日本最低，只有60%的人认为民主重要。如果日本算是西方国家，那么它在西方国家中是垫底的，而且只有46%的日本人认为日本是个民主国家，日本的民主赤字是14%。美国的情况也很有意思，有73%的人认为民主重要，但只有49%的人认为美国是一个民主国家，民主赤字是24%。中国人的答复最出彩：我们高达84%的人认为民主重要，同时高达73%的人认为中国是一个民主国家，民主赤字为11%，明显低于美国和日本。[1]

在53个被调查的国家和地区中，在认同自己国家是民主国家的排名里，中国排名第6位，美国排名第38位，日本排在第40位。排在倒数的国家或地区有委内瑞拉、匈牙利等。

挪威在前文提到的经济学人信息部发布的民主指数排名中居第1位，但在达利亚研究院的这个调查中显示，只有71%的挪威人认为自己的国家是民主国家，相比之下，中国的数据是73%，也就是说，中国人对自己国家的民主定性比例高于挪威人对自己国家的民主定性。

---

1 该报告的相关数据可在达利亚研究院网站中查得，见daliaresearch.com/blog/democracy-perception-index-2020/。

　　这个民调结果与西方主流精英想象得完全不一样。为什么会是这样的结果呢？我认为有几个原因：(1) 这个民调面向普通民众，而不是所谓的"专家"；(2) 这个民调提出的问题更加接近中国人对民主的理解，也就是政府要服务于人民。达利亚研究院的民调问了一些与过去这类民调不太一样的问题，其中之一是：你认为你的政府是否只为少数人的利益服务？在美国，有52%的人认为政府只为一小部分人的利益服务，这个比例在中国只有13%。换言之，绝大多数中国人认为中国政府是为多数人谋利益的，而美国多数人认为美国政府是为少数人谋利益的。在政府是否服务于大多数人这个问题上，排名前三的是三个亚洲国家——中国、越南和新加坡。还有一个问题是：你认为自己国家的商业领袖和CEO是否只为少数人的利益服务？在美国，有66%的人认为商业领袖只为少数人的利益服务，而在中国这么认为的人只有21%。另一个问题是：你认为自己政府在这次抗击新冠肺炎疫情中的表现如何？中国民众对自己政府的抗疫表现评价最高，持肯定态度的人占95%，在参与此次民调的国家中拔得头筹。

　　这个结果证明了我经常讲的话：绝大多数中国人对民主的理解是政府能不能为人民服务，而不是多党制和普选制，也就是说中国人更关心实质民主，关心民主所要实现的目标，即良政善治，而不是西方看重的形式民主。此外，这个民调的调查对象是普通百姓，是网民，而不是知识精英，这样一来，出现这种结果便是再自然不过的了。

值得一提的是，这个民调还发现，中国公众对美国的好感度，比一年前下降了42%，是所有国家中下降最快的，这应该说反映了过去一年美国对华发动贸易战、科技战、金融战，支持"乱港"和"台独"等一系列行为，引起了广大中国民众的愤怒。这份西方主流民调机构所做的调查，应该有助于美国人了解美国反华带来的必然后果。

时任美国国务卿蓬佩奥于2020年7月在尼克松中心发表了一个反华、反共的演讲，他想拼凑一个反华、反共的国际联盟。美国很多有识之士认为他这样做是不明智的。例如，美国前助理国务卿丹尼尔·拉塞尔（Daniel Russel）就表示，美国政府对中共的谴责产生了相反的效果，增强了中国人对政府的支持，加深了中国对美国的愤怒。[1]美国加州大学圣迭戈分校2020年所做的一份民调也证明了这一点：这一年来，中国人对政府的支持度一直在上升。如果以10分为满分来评分的话，那么中国人对中央政府的信任度从2019年6月的8.23，上升至2020年2月的8.65，再上升至2020年5月的8.87。这份调查还发现，曾经对政府信任度相对较低的年轻人和受过高等教育的人，如今对政府的支持度大幅提升。[2]

这使我想起了已故旅美华人政治学者史天健就中国民主做

---

1 "Pompeo's Speech Will Have the 'Opposite Effect' in China, Says Former U.S. Diplomat", in CNBC, Jul. 24, 2020.

2 "Pandemic Sees Increase in Chinese Support for Regime Decrease in Views towards Us", 网址见 http://chinadatalab.vcsd.edu/viz-blog/pandemic-sees-increase-in-chinese-support-for-regime-decrease-in-views-towards-us。

的大量实证研究。史天健从20世纪80年代开始就在中国很多地方进行民调，规模最大的一次是在2002年，他的调查首先包括这样几个选项：（1）民主体制比其他政治体制好；（2）在有些情况下，专制政府比民主政府好；（3）民主体制和专制体制，两者都一样。他收集到的答案显示，超过80%的中国人认为，民主体制比专制体制好。他比较了亚洲五个国家，并将中国大陆的数据和中国台湾、香港地区的数据分别进行统计，结果显示中国大陆百姓对民主的认同最高。[1]

然后他又研究了中国人对民主的理解与西方人的理解是否不一样。他设计了一个开放题：大家都讲民主，那么对你来说，民主到底指的是什么？结果发现，只有不到12%的人认为民主是程序民主；6.3%的人认为民主等于制衡独裁者；22.9%的人认为民主指的是自由；而近55%的人则认为，民主是政府在做决策的时候，时刻想着人民的利益，征求和听取人民的意见，政府应该为人民服务。

他让受访者在下面两个说法中选择更重要的一个：（1）党和国家领导人是由有规律的竞选产生；（2）党和国家领导人在做决策的时候，时时刻刻想到人民的利益。结果发现，80%的受访者都认为后者更重要。

基于上述实证研究，史天健得出两个结论：第一，多数中国人对实质民主的重视程度高于程序民主；第二，多数中国人

---

1 《玛雅专访史天健：中国人的民主观不同于西方》，观察者网，2014年5月6日。网址见 https://www.guancha.cn/MaYa/2014_05_06_227207.shtml。

理解的民主不是竞选、多党制之类的形式民主，而更倾向于体现儒家文化传统的民本主义民主，即政府要想着人民，要听取人民的意见，要为人民服务。

在我对民主问题的研究中，我进一步把中国民主模式称为"中国民本主义民主模式"，简称"中国民本模式"，并与西方民主模式进行比较，我认为，"中国民本模式"揭示了一条深刻的执政规律：不管采用什么政治制度——多党制、一党制还是无党制，若要赢得百姓的认同，最终就必须将执政落实到民生的改善上，这种民生改善包括物质层面，也包括非物质的精神层面。

如果说有一个"西方民主模式"和"中国民本模式"在竞争的话，那么我的初步结论是："中国民本模式"已经胜出。今天，西方民主似乎还占有某种话语和道德上的优势，但对世界上绝大多数人来说，民本思想才是民主实实在在的体现，它远比空洞的民主说教更为坚定有力。这种模式使中国的制度安排能够让政治力量、社会力量、资本力量形成一种有利于绝大多数人的利益的平衡。正是这种治国理政的模式，使我们创造了新冠肺炎疫情防控的历史性成就，使我们消除了人类历史上人数最多的贫困，使我们创造了世界上最大的中产阶层，而这一切都给外部世界带来了强烈震撼。"中国民本模式"符合中国自己的历史传承，也是中国人的制度创新和智慧结晶。这是在民主或者说政治制度上中国向世界提供的一种带有强大生命力和实践有效性的方案，我相信它代表了历史的方向，完全可以经受住历史的考验。

民主：中西方比较

中国之治与人民民主

近些年西方世界乱象频发，2016年以来尤甚：美国政坛恶斗加剧，社会分裂加深；中东难民大规模涌入欧洲，搅乱了几乎所有欧洲国家的政局；英国在不负责任的政客的引领下，采用公投方式决定脱欧，给英国经济和政治带来了种种不确定因素；西方国家经历恐怖袭击的频率从未像今天这样密集；逆全球化趋势和民粹主义思潮迅速蔓延；右翼势力在很多国家不断坐大；债务危机、金融危机、福利危机等使西方多数百姓的实际生活水平长期停滞不前，甚至下降。总之，西方软、硬实力下降的速度比人们预料得还快，西方模式正面临严峻挑战。

与此形成鲜明对照的是中国之治。短短数十年，中国以西方不认可的方式迅速崛起，给西方和整个世界带来了震撼。我们前文已经提到，按购买力平价计算，中国已经成为世界最大的经济体；中国消除了世界上最多的贫困，创造了世界上规模最大的中产阶层。此外，中国还形成了全世界最完备的产业链；向世界输出了最多的游客；拥有全世界最大规模的外汇储备；为世界经济贡献了最多的增长，并形成了世界最大的统一市场；中国还是全球范围内社会治安最好的大国。党的十八大以来，以习近平同志为核心的党中央运筹帷幄，善谋敢断，从反腐倡廉到深化改革全面发力，使中国治国理政呈现出全新格局，整个国家的政治定力、经济实力、科技实力、国防实力、国际影响力又上了一个新的台阶。中国智慧、中国经验和中国理念迅速走向世界，为解决全球治理难题提供了一个又一个中国方案。

不少有信誉的跨国民调也反映了中国之治与西方之乱的差别：中国人对自己国家发展方向的满意度明显高于西方国家。例如，前文引用2019年益普索公司在30个主要国家所做的跨国民调表明，中国人对国家发展方向的满意率为91%，远远高于英国的21%和法国的20%。虽然中国还面临诸多挑战，但中国已通过不断探索找到了走向国家富强、民族复兴，让人民获得幸福的成功之路。

从西方之乱到中国之治，这一切都发生在全球化持续深化的大背景之下。欧美长期以来不遗余力地推动全球化，但如今"美国利益优先""买美国货""雇美国人"等逆全球化的口号成了美国的政策标签，欧洲国家逆全球化的声浪也不断走高。而与此相反，中国则积极稳健地拥抱了全球化，国家也在这个过程中全面崛起。随着"一带一路"倡议的提出和落实，中国正开始引领一轮新型的合作共赢的全球化。

面对全球化，为什么西方出现了混乱局面，而中国展现出了极大的治理成效？

首先是中西方对全球化的总体认知截然不同。以美国为首的西方国家在相当长的时间内一直是全球化的主要推手，但他们推动的全球化本质上是新自由主义的全球化。这种全球化既是经济的，也是政治的，包含了所谓的"自由化""私有化""市场化""民主化"等内容。某种意义上，苏联的解体、东欧的崩溃都是这种新自由主义全球化的结果。曾几何时，赢得了冷战胜利的西方认为，伴随着新自由主义全球化的过程，西方自由主义民主模式也必然为世界各国所接受。美籍日裔学者弗朗西斯·福山（Francis Fukuyama）甚至提出了"历史终结论"，即西方的政治模式代表了"历史的终结"。[1]

中国的情况则全然不同。中国经历了"文革"动乱后开始实行改革开放政策，积极稳健地拥抱了全球化。中国人认为经济全球化是一种历史大势，中国应该顺势而为，但中国人同时也认识到全球化是一把双刃剑，处理得好，给人民带来福祉，处理得不好，则带来灾难，所以中国在对外开放的过程中总体上采取了趋利避害的战略和政策。中国明确把全球化界定为经济全球化，而非政治全球化。中国不仅不放弃社会主义，而且还要用社会主义的优势来超越西方新自由主义主导的全球化。

1989年邓小平对党的第三代领导集体说过这么一段具有深刻含义的话："整个帝国主义西方世界企图使社会主义各国都放弃社会主义道路，最终纳入国际垄断资本的统治，纳入资本主义的轨道。现在我们要顶住这股逆流，旗帜要鲜明。因为如果我们不坚持社会主义，最终发展起来也不过成为一个附庸国，而且就连想要发展起来也不容易。"他还清醒地指出："现在国际市场已经被占得满满的，打进去都很不容易。只有社会主义才能救中国，只有社会主义才能发展中国。"[2]

---

1 ［美］弗朗西斯·福山：《历史的终结及最后之人》，黄胜强、许铭原译，中国社会科学出版社，2003年。
2 《邓小平文选（第三卷）》，人民出版社，1993年，第311页。

对全球化的这种认知差异产生了不同的结果。环顾世界，许多非西方国家也拥抱了全球化，却在其后经历了一场接一场的危机，往往不是他们"利用"了外资，而是整个国家的经济命脉都被西方资本控制了，甚至百姓的财富也被华尔街金融大鳄洗劫一空。不少西方国家是全球化的受益者，但这些国家并没有建立真正公平、公正的分配制度，导致全球化带来的好处大都为富裕阶层所垄断，而全球化的代价却由普通百姓来承受，结果是贫困人口飙升、贫富差距急剧拉大。"美国梦"风光不再就是一个很能说明问题的例子。根据美国人口普查局和劳工统计局的数据，2019年，美国贫困人口比例为10.5%，大约不到十人中便有一人生活在贫困线以下。根据前文所引诺贝尔经济学奖获得者约瑟夫·斯蒂格利茨的计算，美国2013年的中位数实际收入比1989年的水平还要低；全职男性员工的中位数收入还不如40多年前的水平。他感叹："美国自称'机会之地'或者至少机会比其他地区多，这在100年前也许是恰当的。但是，至少20多年来的情况不是这样。"[1]

第二，从制度角度来看，这种结果差异很大程度上源于中国和西方国家不同的制度安排。中国特色社会主义的一系列制度安排，特别是党的领导、人民民主制度和社会主义市场经济体制，使中国在多数情况下得以趋利避害，成为全球化进程中的佼佼者，使绝大多数中国人成为这个进程的受益者，而西方

1 Joseph E. Stiglitz, "Equal Opportunity, Our National Myth", in *New York Times*, Feb.21, 2013.

的制度安排显然没有做到这一点。

在政治制度安排方面，中国和西方的最大差别就是中国有一个代表人民整体利益的政治力量即中国共产党，并实行人民民主，而西方国家没有这种力量，也没有人民民主制度。西方的政党是公开的"部分利益党"，而中国共产党是一个"整体利益党"，在中国现代化事业中发挥着领导、规范和协调的作用。中国共产党今天已成为世界上战略规划与执行能力、社会整合能力、改革创新能力最强的政党，这使中国得以超越新自由主义全球化带来的民粹主义、短视主义、社会对抗、法条主义等诸多问题。人民民主制度则使中央以人民的整体和长远利益为皈依，科学决策，制定并完成一个又一个中长期规划、有序推进改革开放，使中国加入全球化的过程成为一个让绝大多数人民不断受益的过程。

在经济制度安排方面，中国今天实行的社会主义市场经济本质上是"看不见的手"与"看得见的手"的混合，是国有经济和民营经济的混合。它力求通过市场经济达致资源配置的最优化，通过社会主义来保证最大限度的公平正义。这个模式创造了中国迅速崛起、绝大多数人民的生活水平大幅改善的奇迹。这种制度安排是对新自由主义经济模式的超越。是西方国家，而不是中国，纷纷陷入了金融危机、债务危机和经济危机；是西方国家，而不是中国，百姓的收入长期停滞不前，资产贬值的也不在少数。现在的中国社会主义市场经济，包括一整套宏观调控和结构改革的思路、方法、措施、组合拳，虽然还在继续完善之中，但已经显示出了强大的生命力。今天整个世界都在研究中国是如何采用宏观调控和结构调整来应对世界经济危机和促进经济增长的。

在社会领域，中国通过自己的探索和实践，形成了基本符合中国国情的一整套社会制度安排，其最大特点是国家与社会的良性互动和社会事业跨越式的发展。以党政主导、社会协同、公众参与为主要特征的中国社会治理模式也是中国社会制度安排的一个重要方面。西方社会今天面临的严峻挑战是：随着经济走衰，各种福利制度难以为继，各种族裔群体之间、不同利益团体之间、不同社会阶层之间的矛盾走向深化乃至激化。相比之下，作为一个拥有14亿人口、地域辽阔、发展尚不十分均衡的国家，中国却实现了社会的持续稳定，基本实现了全民养老和医保，住房自有率和社会治安水平高于西方国家。随着互联网的崛起，中国社会从来没有像今天这样充满了活力。但同时某些民粹主义和短视主义的趋势也在发展，好在中国的人民民主制度安排有利于党和政府从国家和人民的整体利益出发来规范这些趋势。诚然，中国的社会治理模式还需不断完善才能在现有成绩的基础上更上一层楼，更好地实现中国社会的长治久安和幸福安康。

第三，在一个更深刻的层次上，西方之乱和中国之治的背后是国家治理中三种力量关系的巨大差别。在美国等许多西方国家，政治力量、社会力量、资本力量之间的关系严重失衡，资本力量独大。以美国为例，根据2010年和2014年美国最高法院的裁决，机构和个人的竞选捐款不再设上限，这种资本力量独大的状况意味着西方国家的政治力量缺少必要的独立性和中立性，社会力量也被资本力量渗透，几乎只能顺着资本力量的要求走，其直接结果就是贫富差距急剧拉大，多数百姓无法从全球化进程中真正获益。在另外一些西方国家，社会力量过大，民粹主义和极端主义思潮无法得到有效制衡，政治力量也不具备整合社会与改革创新的能力。相比之下，中国政治力量保持了自己独立于社会力量和资本力量的特性，在与社会力量和资本力量保持某种平衡的同时，维持了自己规范和引领这两种力量的能力，这应该是中国得以在全球化过程中趋利避害，成功崛起的关键所在，也是绝大多数中国普通民众从全球化过程中获益良多的关键所在。我们由此可以推论：如果中国和西方的制度安排继续按现在的逻辑发展下去，那么中国进一步走强和西方继续走衰将是不可逆转的大势。

中国的全面崛起无疑是人类历史上闻所未闻的奇迹。中华人民共和国的制度安排是以人民整体利益为归依的制度安排，其背后有源远流长的中华文明的基因，有中国社会主义事业的红色基因，有对世界其他文明的大量借鉴。从中长期前景来看，中国崛起对世界的最大意义不仅在于全世界五分之一的人口走向富裕所带来的广泛而深刻的国际影响，而且也在于中国一整套的政治、经济、社会制度安排为人类建设更加美好的社会所提供的有益经验和宝贵智慧。

五个视角比较中美民主模式

2019年2月，任正非在接受BBC的采访时说："美国不可能摧毁我们，世界也离不开我们，因为我们更先进。"这是多么掷地有声的话语！他还说："西方不亮还有东方亮啊。北方不亮还有南方亮。美国不能代表世界。美国只代表世界的一部分。"还有比这更掷地有声的话吗？对美国这样的国家，该说的话一定要说，该做的事一定要做，美国是最承认实力的。唯有经过交锋，才能更好地交流。

对于民主这个当今世界最具争议的话题之一，我们有没有办法，以中西方都听得懂的语言来讨论民主呢？我认为是有办法的。2016年我在牛津大学做过一次比较中西方民主的演讲，是一次有意义的中西方之间的对话。基于那次演讲，再结合这些年的情况发展，我来说说我的观点。

我认为，既然我们一时还无法就民主的定义达成共识，那我们就暂时借用一下美国总统亚伯拉罕·林肯的名言。1863年林肯在其著名的葛底斯堡演说中提出了"民有、民治、民享"（government of the people, by the people, for the people）。首先要指出，林肯当年提出"民有、民治、民享"的观点时，他所说的"民"不包括黑人、印第安人、妇女，也不包括华人，因为美国在1882年还通过了《排华法案》，剥夺了华人的基本人权，美国真正给黑人投票权是1965年。但这不妨碍我们暂时借用一下林肯的这个论述来讨论民主问题，我认为西方学者也不介意。所以我暂时就把民主界定为"民有、民治、民享"，作为working definition（姑且可为一用的定义），然后把这三个方面中美双方的情况逐一进行比较，以此我们可以就民主这个话题得出一些比较慎重的结论。之所以选择美国，是因为这么多年来，美国是最不遗余力地在全世界推销其政治制度的国家，所以我们就单挑美国出来比一比。

先从"民享"开始。所谓"民享"（for the people），也就是"为人民"。中国模式即便再不完美，也创造了一个巨大的经济奇迹。过去40年，中国有7亿多贫困人口脱贫，中国创造了世界最大的中产阶层，大多数中国人的生活水平获得了空前提升。根据国家统计局的数据，2017年中国居民人均可支配收入，扣除价格因素，比1978年实际增长22.8倍，年均实际增长8.5%。中国中产阶层的规模从40年前的零，到2018年为约4亿。

同一时间段内，美国是什么情况呢？美国的情况是多数人的实际收入在过去40年中几乎没有增长。根据美国皮尤研究中心（Pew Research Center）2018年发表的调查，美国普通工人的工资，如果扣除通货膨胀因素，与1978年，也就是与40年前的水平大致持平。但美国中产阶级的规模却缩小了很多，由1971年占美国成年人口的61%下降到2016年的52%。

从家庭净资产来看，中国家庭净资产增长迅速，美国中位家庭净资产则下降了不少。2016年美国中位家庭净资产为97 300美元，迄今还没有达到2007年的最高水平（139 700美元，约合2018年人民币94万元）。如果按照1美元=6.75元人民币计算，那么97 300美元约等于65.6万元人民币。大家可以自己判断，美国整个国家的中位净资产的水平，在中国应属于什么水平，在上海应属于什么水平。家庭净资产的计算方法为用一个家庭的房产和金融资产等总资产，减去所有的债务。我的判断是，根据美国整个国家今天的家庭中位净资产，美国中产阶级至少在中国的发达板块，应该属于比较弱势的群体了。

新中国成立前，上百年的战乱导致中国的彻底贫困。美国作家白修德（Theodore Harold White）于1946年发表的名著《中国的惊雷》（*Thunder Out of China*）所描绘的旧中国给人的感觉就是今天非洲的刚果民主共和国，战争造成了上千万人的伤亡，整个国家哀鸿遍野，经济彻底崩溃，人均寿命才40多岁。而短短70年出头，中国的面目已经焕然一新，中国正在成为世界最大的经济体，中国多数百姓的财富大幅增加。40多年前，怎么可能想象比较中美两国百姓的家庭净资产？今天，中国一点也不害怕这种比较，这也从另一个视角说明了：在过去40多年中，中国在"民享"方面做得比美国要好很多。难怪英国的《经济学人》杂志在2014年发表的那篇题为"民主出了什么问题"的长文，引用了美国皮尤研究中心当时的民调：2013年85%的中国人对自己国家发展的方向感到满意，而在美国这个比例是31%，英国为25%。文章认为西方推动的所谓民主化浪潮在世界范围内停滞了，很大程度上是由于两个原因：一是美国的金融危机给西方制度带来的重创，二是中国在世界范围内的迅速崛起。[1]

这篇文章也引用了我的观点：复旦大学的张维为教授说，美国民主有太多的问题，老是选出二流的领导人。我是讲过这样的话，但它引用得不准确，我的原话是：老是选出三流的领导人。现在证明我当时的预测也是对的。

我们现在可以归纳一下：40年间，中国人的实际收入增加了22.8倍，而美国多数人的实际收入却没有增加，当然中国收入的起点低，但这样的巨变还是了不起的。美国的中产阶级规模在缩小，但中国中产阶层的规模在迅速扩大，两个国家百姓的家庭净资产也发生了巨大的变化。

第二点，"民有"（of the people），也就是"来自人民"。中国社会具有深厚的平民文化的传统，中国政府的"民有"程度显然高于绝大多数西方国家的政府，特别是高于美国这样资本力量影响过大的国家，也高于英国这样贵族传统很强的国家。根据我所看到的资料，中央国家机关的公务员90%来自普通家庭。新中国成立以来中国共产党的绝大多数高级干部，都来自普通家庭；即使所谓的"红二代"领导人，至少也在各级岗位上经历了30多年的历练，积累了大量治国理政的经验，才可能进入中国最高决策层。

反观美国，美国国会议员中富翁占50%左右，而美国普通民众当中百万富翁的比例只有1%，特朗普本人也是超级富

1　"What's Gone Wrong with Democracy", in *The Economist*, March 1, 2014.

翁。美国经济学家斯蒂格利茨干脆将今天的美国政府描绘成"1%有、1%治、1%享"的政府，这不是完全没有道理的。美国学术杂志《政治前景》（*Perspectives on Politics*）在其2014年秋季号上刊登了美国普林斯顿大学和西北大学学者进行的一项联合研究，该研究比较了从1981年至2002年间美国政府制定的1800多项政策，得出的结论是这些政策几乎都是由代表商业利益的特殊利益集团制定的，而基层民众组织和普通公民对决策的影响力几乎为零。如果后者与前者的利益发生冲突，后者是无能为力的。[1]

第三点，"民治"（by the people），或者叫"人民治理"。坦率地说，这是一个全世界都在探索的问题。尽管西方声称，如何实现人民治理，西方已经找到了答案，就是每四年一次的国家最高领导人的选举，还有国会议员的选举，即所谓的代议制民主，就是"人民治理"，但西方相信这个说法的人现在也越来越少了。如今西方国家普遍出现了"选完就后悔"（elect and regret）的问题，当选后一年内国家领导人的支持率低于50%的状况已不在少数。如此之低的支持率，还宣称自己代表美国人民，已十分没有说服力了。

说白了，你无非就是制定了一个法律，这个法律规定，只要选上，之后不管支持率多么低，在法律上，你还是可以代表你的国民。把这种状况说成是"民治"和"民主"，怎么令人信

---

1 Martin Gilens and Benjamin 1. Page, "Testing Theories of American Politics: Elites, Interest Groups, and Average Citizens", *Pespectives on Politics*, Sep. 18, 2014.

服？美国人选出了小布什，他治国无方，发动了两场愚蠢的战争，也没有察觉金融危机即将爆发，结果给美国造成了那么多问题，最后支持率只有20%左右，但还是照样代表"民治"，这不是对"民治"的最大讽刺吗？

2019年1月，我参加了瑞士的"达沃斯论坛"（World Economic Forum），这次论坛的主题是"全球化4.0与全球治理新架构"。在讨论中，一位美国的资深学者认为，新的全球治理架构还是需要以民主价值观为基础，我表示赞同，但我认为如何界定民主才是关键，它必须是国际社会通过谈判达成的共识，而绝对不能是美式民主，不能是这种连美国总统本人今天都很不满意的民主。这位学者问民主还能有其他形式吗？我说，你讲这个话需要很大的勇气。如果你真的认为美国民主制度好，你们就留着自己用，千万不要拉其他国家一同下水，中国是肯定不奉陪的。

那么，过去数十年来中国人是如何探索自己的"民治"和"民主"的呢？在此，我想引入"形式民主"和"实质民主"这两个概念。如果说西方主流观点把民主界定为"程序民主"，认为"普选制+多党制"几乎就等于民主的话，那么中国则把重心转到了"实质民主"的探索，认为从"实质民主"出发，也就是从民主所要实现的目标和结果出发，来探索"程序民主"，而不是相反。

前文提到，邓小平同志在改革开放之初就提出：中国要"在政治上创造比资本主义国家的民主更高更切实的民主"。[1]所

---

[1] 《邓小平文选（第二卷）》，第322页。

谓"更高"，指的就是更高水准的民主，特别是要尽可能地代表大多数人的利益，反映大多数人的意志和关切，同时又能避免西方民主制度明显的弊病，如资本力量影响过大、民粹主义、短视政治等。所谓"更切实"，就是能给绝大多数人民带来实实在在的利益，而不是政客开空头支票的"清谈俱乐部"。

从民主的"目标"和"结果"出发，邓小平同志还提出，评价一个国家的政治体制质量，关键看三条。第一是看国家的政局是否稳定。第二是看能否增进人民的团结和改善人民的生活。请注意，邓小平把"人民的团结"和"改善人民生活"放在一起，现在看来，这是很有远见的。西方政治模式把多少国家搞乱了，搞得人民四分五裂。乌克兰陷入内战、叙利亚陷入内战，伊拉克和阿富汗几乎天天都有爆炸事件，给人民带来了多少苦难，所以"阿拉伯之春"怎么能不变成"阿拉伯之冬"？邓小平的第三条标准是看生产力能否得到持续发展。[1]

我经常用这三条邓小平标准，或者叫中国标准，来评判世界上许多国家和地区的政治制度的质量，并给它们打分。如果我们用A表示最好，D表示最差，那么对于伊拉克、阿富汗这样的所谓民主国家，得分就是D，对于乌克兰这样的国家，得分是C-到D。对于中国台湾地区，我给的分数是C-，没有降到D，很大程度上是靠中国大陆的帮助，因为大陆经济的腾飞，给台湾创造了机遇。

1　关于邓小平的这三条标准，参《邓小平文选（第三卷）》，第213页。

　　总体上看，中国民主建设也是围绕着邓小平同志所说的三条标准展开的。中国比较注意融合中国历史传统的基因、社会主义的基因和西方模式中的有益元素，大胆地进行民主制度创新。这种探索的内容非常之广，比方说，领导人产生的方法，美国是选举，我们是"选拔＋选举"。中国人自己治国理政的许多理念充满智慧，源远流长，如"为政之要，惟在得人""宰相必起于州部，猛将必发于卒伍"等观念是中国社会上千年的普遍共识，也是中国政治文化中一种深层次的心理结构。像西方那样，能说会道就可以竞选当总统，与中国的政治文化格格不入。我们选贤任能的制度融合了中国古代的政治传统（如历史上的"察举"和"科举"制度）、党的干部制度传统及西方政治制度中的一些做法，最终形成了"选拔"与某种形式的"选举"相结合的制度。今天，一个中国高级领导人的历练远远超过西方领导人。中国高层领导人大都在基层长期锻炼过，很多都治理过两三个省，至少管理过一亿人，还在党、政、军不同部门长期工作过。

　　随着中国的崛起和中国模式的崛起，西方那种所谓"只要制度好，傻瓜也能治国"的神话已走向终结。过去中国没有崛起，西方可以忽悠全世界，现在中国崛起了，人家就要说，你看看中国是怎么做的。西方世界里的冰岛，领导人无能，国家就走向破产。美国领导人无能，美国的国运就全面走衰。

　　其实，除了"of the people, by the people, for the people"这些标准外，我想如果用中国标准，我们还可以加一点，也就是第四点："with the people"，即"与人民在一起"。中国迅速崛起的奇迹就是各级政府与全中国人民一起干出来的。我们的政府叫人民政府，我们的军队叫人民军队，我们的警察叫人民警察，我们的铁路叫人民铁路，我们的教师叫人民教师，我们的国家叫人民共和国。"人民"这两个字是千钧之重啊！习近平总书记说，"该改的、能改的我们坚决改，不该改的、不能改的坚决不改"，什么是不能改的？"人民"两个字所代表的意涵，是绝对不能改的，不仅不能改，还要发扬光大，它是我们今天在这个充满挑战的世界上克敌制胜的法宝：紧紧地和人民在一起。正因为我们坚持了"与人民在一起"，绝大多数中国人都成了全球化进程的最大受益者，这和美国的情况正好相反。

我想我们还可以有一个第五点："to the people"，就是我们常说的"到群众中去"。比方说，我们决策过程的最大特点是"从群众中来，到群众中去"，中国已经形成了一种"新型民主集中制"。旧民主集中制是苏联模式的产物，最后变成了只有集中，没有民主，而中国汲取了苏联民主集中制度的教训，已经形成了"谋定而后动"的"新型民主集中制"。比方说，国家五年规划的制定，现在已经定期化、制度化，上上下下、成百上千次的协商，包括"从群众中来，到群众中去""请进来、走出去"等一系列方法，最后才形成有质量的共识。从国际比较的角度来看，中国政治制度的战略规划和执行能力大概都是世界上最强的。一个接一个五年规划的顺利制定和成功执行奠定了中国迅速崛起的稳固基础。西方人经常感叹，西方的公司都有短、中、长期的规划，但西方国家没有国家发展的战略规划。很大程度上，这是因为多党竞选制度决定了一个政党所制定的规划，换了一个政党来执政，就难以延续了。奥巴马的医改计划，换个总统就偃旗息鼓了。中国是一届接着一届干，直至成功，西方经常是一届对着一届干，坦率地说，怎么和中国模式竞争？

我的结论很简单：世界上没有十全十美的民主模式，一切在于比较。从中国模式与美国模式在以上五个方面的比较，我认为中国模式相对胜出，而且前景看好，当然我们还有许多不足和挑战，我们还需要通过进一步的改革才能做得更好。但哪怕就现在这个水平，中国模式也可以和美国模式竞争，并且我们可以做得更好。

人民民主 vs. 资本民主：两个案例

中国民主模式与美国民主模式的最大不同，我总结为中国是"人民民主"，美国是"资本民主"。我可以通过两个案例来加以说明：一个是医疗保险的案例，另一个是立法过程的案例。

我们先看一下中美医疗保险的差别。

大家可能看过一个报道，一位美国女子在上地铁的时候，一不当心腿被卡在地铁列车与站台的缝隙中，鲜血直流，但她却忍受着巨大的痛苦，哭着恳求路人：千万不要叫救护车，那要花费 3 000 美元，我付不起。[1]

　　国内许多人抱怨看病难、看病贵，一位旅美华人有感于此，在网络上发帖比较了中美两国的医疗。他带着调侃的口吻写到：他曾经认为，在美国自己每月都支付了上千美元的医疗保险，那么有病就可以直接上医院了；如果要化验，化验结果20分钟就可以拿到；在医院走几步路就能拿上药；万一心肌梗塞叫一辆救护车是不会破产的；半夜吊盐水是不用付过夜费的；生孩子的话，至少可以在医院住两天。他说如果你敢这么认为的话，那恭喜你，因为你生活在一个可以满足上述要求的国度，它叫中国，不是美国。

　　发这个帖子的网友是在美国买了医疗保险的人，然而美国还有很多人没有任何医疗保险。2009年奥巴马试图推出医改方案的时候，美国大约有5 000万人——也就是美国人口的近六分之一——没有任何医疗保险，他们中的绝大部分属于美国的工薪阶层。[2]这使美国处于十分尴尬的境地，因为它是西方国家中唯一没有实现全民医保的国家。如果我们追溯历史，美国老罗斯福在1912年竞选总统的时候，也就是中国的辛亥革命时期，就希望实现普遍医保，未果。到"二战"时期，小罗斯福又提出全民医保，再次未果，随后肯尼迪、卡特、克林顿等美国总

1　报道可见《女子腿被卡在地铁站台，哭求"别叫救护车，我付不起钱"》，《海外网》，
　　2018年7月4日电。对于叫救护车的费用，美国虽无统一标准，各地差别较大，但通常
　　都要花费上千美金，若无医疗保险，病人几乎要全部自付。
2　张超、陈其庆：《美国医保"私有化"之争》，《中国卫生产业》，2008年。文中具体数
　　据为4 700万。

统也希望办成这桩事，最后还是未果。奥巴马总统后来下了决心，要使全民医保成为他总统任期内的最大政绩，他在任期内终于推出了医改方案，但特朗普一上台，就把这个方案废除了。可以说，这个"百年美国梦"迄今也实现不了，不禁使人想起了古希腊神话中那位推石头上山的西西弗斯，他的行为触犯了众神，众神就罚他把一块巨石推上山顶，但石头太重了，他每每还未把巨石推到山顶，石头就又滚下山去，于是他不得不一次一次地尝试，最后都以失败告终。到底是什么让美国全民医保这块巨石就是难以被推上山顶呢？个中原因，引人深思。

反观中国，我们也在不断地探索、建立全民医保，说实话其间也走过一些弯路。2003年一场"非典"袭来，暴露出我国卫生医疗体系太多的短板。于是中央决定加大政府卫生投入，推进公共卫生体系的建设。2006年中央全面启动了新医改方案，提出建设覆盖城乡居民的基本卫生保健制度，到2011年，这个目标已初步完成，而后又在实践中不断完善。中国建构全覆盖医保的规模和速度震撼了世界。国际医学界的权威杂志《柳叶刀》（*Lancet*）2012年就载文高度肯定中国医改，称之为"巨大成就"。文章这样说：中国在如此短的时间内就实现了医保全覆盖，过去，中国一直试图学习和借鉴其他国家在医疗体制方面的经验，但今天，别国也可以学习和借鉴中国的经验。[1]

中国医改的相对成功，和美国医改的反复失败，很大程度

---

[1] "Editorial: What Can be Learned from China's Health System", in *Lancet*, Vol.379, Mar. 3, 2012.

上反映了中国"人民民主"和美国"资本民主"所产生的不同结果。习近平总书记把中国的人民民主称为"维护人民根本利益的最广泛、最真实、最管用"的民主。[1]这是很重要的中国标准——最广泛、最真实、最管用，我们可以就此来比较"人民民主"和"资本民主"。

　　一个国家的民主制度如何才能"最广泛、最真实、最管用"，真正反映最广大人民的根本利益？我多次讲过，中国共产党是"整体利益党"，美国无论民主党还是共和党都是公开的"部分利益党"。我们从两个国家医改的过程，可以看到两种截然不同的政党制度带来的迥然相异的结果：在中国的人民民主模式下，党政体制中的各个相关部门，通过走出去，请进来，开展大量调研，最后形成共识，拿出新医改的方案，提出近期目标，即"有效减轻居民就医费用负担，切实缓解'看病难、看病贵'"，以及长远目标，即"建设覆盖城乡居民的基本卫生保健制度"，[2]目标设定后，随后就是从上到下，从下至上，一步一步地付诸实践。

　　相比之下，再来看美国的"部分利益党"模式。因为两党各代表部分人的利益，所以从一开始美国的医改就陷入了激烈的意识形态争论，美国的政党、政客、议员都有意识地把意识形态偏好引入争论，经常使政策讨论难以实事求是地进行。一

1　习近平：《决胜全面建成小康社会　夺取新时代中国特色社会主义伟大胜利》，十九大报告。

2　2006年十六届六中全会第一次明确提出这一目标，后在2009年4月的《中共中央国务院关于深化医药卫生体制改革的意见》中，进一步明确了建立基本医疗卫生制度的目标。

些本来应该纯属政策性质的商讨，一旦展开就变成了政治立场和道德伦理的争论，变成了水火不容、你死我活的辩论。比方说，"全民医保"变成了你要"强迫公民购买医保"，这违反了美国宪法中的"个人选择自由"。美国的好些州确实就是以这个名头，向最高法院起诉奥巴马医改方案"违宪"。

一个民主制度是否"最广泛、最真实、最管用"，很大程度上取决于它如何处理各个利益攸关方的利益，特别是它能否以人民为中心，克服既得利益集团的阻挠。我们还是以中美两国的医改为例。医改的利益攸关方很多，比方说，美国超过70%的医保服务是由私营商业保险公司提供的。奥巴马的医改方案意味着在私营医保之外，政府要向市场提供一个公共医保的选项，这样就出现了公、私两种医保的竞争，这种竞争局面立即遭到商业保险公司的激烈反对。此外，大家知道，美国商业保险公司一般在审核参加医保资格时是要求体检的，它们可以以"已经存在的状况"，比方说先天性糖尿病，拒绝保险申请——这就是资本主义市场决定的运作模式。奥巴马的医改方案想终止这种做法，也立即激起商业保险公司的反对。

其实，中国的医保也涉及各种利益相关的团体和机构：数十万家零售药店，近万家制药厂家，不少商业保险公司，无数各种类型的医院，包括私立医院，等等。它们是实现医疗全覆盖的利益攸关方，改革方案要认真听取它们的意见。但在解决这样的复杂问题时，人民民主模式的特点便显现出优越之处，因为人民民主模式能够坚持以人民的整体利益为归依，同时兼顾各方的正当利益和诉求，能够通过深入调研和广泛协商，力求最终找到各方利益的汇合点，然后拿出大家都可接受的方案，并在执行过程中不断完善。

同时，在人民民主模式下，利益攸关方也可以通过各自的渠道，如行业协会报告、研讨会与座谈会、两会代表上书等，提出自己的意见建议。但中国实践人民民主的这个过程和美国"资本民主"的最大不同是，美国的医疗保险公司等利益团体可以通过赞助各种游说公司来影响国会议员的态度，影响国会讨论问题的议程设置，甚至直接影响相关的决策；但在中国，利益攸关方不可以通过游说组织来阻挠改革进程，更不可能操纵中央最后的决策过程。

这里还要补充一点，像医改这样的问题，在中国是在党的领导下，由政府相关部门负责推动处理、解决的。世界上多数国家也是由政府负责推进医保，但在美国，这一类事情都属于"立法和司法问题"。研究美国政治的人都知道，今天美国在国家治理上的"治理司法化"是美国民主体制的一个严重问题。我这里用"治理司法化"是指社会治理领域中的重大政治决策不是依托于民生疾苦，而是受累于立法和司法中的繁冗程序，导致在寻求法律正当性的过程中买椟还珠，难下决断，决策难以落地。这不仅意味着国家治理成本奇高，而且这个过程最容易被高度组织起来的利益集团所俘获。奥巴马的医改法案《患者保护与平价医疗法案》（PPACA）文件长度超过900页，条款超过9 000条。为什么这么长？很大程度上是"治理司法化"带来的问题。英国牛津大学教授斯坦·林根（Stein Ringen）称之为"立法失控"，盘根错节的各种利益集团竞相游说，使它们所代表的各种既得利益都要得到照顾，成为法规的一部分。法律条文越复杂，越冗长，对律师、会计师、法庭的需求就越大，而这些行业本身就是美国巨大的利益集团。奥巴马的医改法案被很多美国人诟病，一个重要原因就是这个方案如此复杂难懂，实际操作中仅律师成本就是天价。2016年特朗普上台后，首先否定的就是奥巴马的这个医改方案，到2020年新冠疫情袭来，美国没有任何医保的人多达5 000万，在美国总人口中比例惊人，这样的情况怎么应对得了如此规模的疫情？美国疫情防控失利无疑与此有关。

第二个案例是立法程序中是否能够直接听取百姓的意见和建议。

大家知道，在西方，所谓民主，一般仅限于通过投票产生政府，绝大多数情况下不涉及人民参与决策或参与立法。这也是今天西方国家普遍接受的理论：人民的任务是通过投票产生一个政府，但不直接拥有"决定政治问题的权力"，因为古典学说中那种"人民统治"是不现实的。普通民众与政策决定或立法决定没什么直接关系。坦率地说，我们中国人讲的决策民主和立法民主，这些概念在美国民主制度设计中并没有得到考虑。

即便美国民众想参与和影响决策，然而和高度组织起来的、代表特殊利益的游说组织相比，民众的力量实在是太渺小了，即使当年的"占领华尔街"运动有几十万人上街游行，对美国政府政策的影响也是微乎其微。中国的情况完全不一样，中国政治学者王绍光就中国医改的决策过程与人合著过一本专著《中国式共识型决策："开门"与"磨合"》[1]，它总结了中国医改过程如何对普通群众意见进行汇集和吸纳，如何对各种智库意见进行汇集和归纳，还分析了各个利益团体的参与过程，以及最后政府相关部门如何协调整合各种意见，最后于2008年推出《关于深化医药卫生体制改革的意见（征求意见稿）》，向全社会征求意见。短短十天内，就收到各类建议35 929项。2009年公布的最后版本与2008年的征求意见稿相比，修改了137处。医改只是中国人民民主模式的一个侧影，实际上这样的民主决策过程在中国比比皆是，上至党中央、全国人大常委会以及每年的两会，下至基层单位，许多决定都经过了几轮这样"从群众中来，到群众中去"的过程。正因为经过了这样的反复讨论和论证，所以总体上我们多数决策的质量与美国相比要高出一截，和美国在小圈子里决策，然后雇佣公关公司"向公众兜售"（sell to the public）他们的决定形成了鲜明的对照。

为了更好地了解中国民主决策和民主立法，2019年7月我在上海长宁区虹桥街道做了一些调研。为什么要去这个街道呢？因为它是全国人大常委会建立在中国最基层的"立法联系点"。中国有超大型的人口规模，如何才能使立法真正反映人民的意志，建立基层"立法联系点"便是一个好方法，也就是人

1　王绍光、樊鹏：《中国式共识型决策："开门"与"磨合"》，中国人民大学出版社，2013年。

大在立法的最初阶段就把相关法律的草案拿到中国社会最基层，直接听取百姓和基层专业人员的意见。这个联系点的做法很值得介绍，我真希望美国人来好好看看和学学，了解一下中国人民民主是如何运作的，看看在实现民主上的中国智慧和中国创新。

我去调研之前看了一些材料，是带着问题去的。我的第一个问题是，为什么要把这个点设在上海、设在这个街道，而不是中国其他地方？街道党工委的同志告诉我，全国人大法工委在全国一共选了四个点：上海、江西、湖北、甘肃，这是2015年作出的决定，这四个点可以大致反映中国东部、中部和西部不同类型的城乡状况。[1] 上海长宁区的虹桥街道，可以说是中国发达板块大格局的一个缩影，它既有许多传统社区，也有许多大型现代社区，它商务功能比较发达，企业类型比较齐全，司法资源比较丰富，街道8.74万人口中，有2.2万人是境外人员，约占了四分之一——相关法律制定过程中还听取境外人员的意见，这是我在西方从来没有听说过的做法。

我的第二个问题是，法律一般比较枯燥，法律文书有时候像天书一样，老百姓能搞懂吗？真会有兴趣参与吗？街道在这个问题上真的下了一番功夫。他们的做法是把法律文书的语言，通过专家学者的帮助，转化为老百姓能够听得懂的语言，对老

---

1 到2020年，全国人大常委会法工委的基层立法联系点数量已增加至10个。除了之前的四个联系点（湖北省襄阳市人大常委会、江西省景德镇市人大常委会、甘肃省定西市临洮县人大常委会、上海市长宁区虹桥街道办事处），另新增江苏省昆山市人大常委会、浙江省义乌市人大常委会、广东省江门市江海区人大常委会、广西壮族自治区三江侗族自治县人大常委会、河北省正定县正定镇"人大代表之家"为"基层立法联系点"，同时新增中国政法大学作为"立法联系点"，增加了联系点类型，拓展了联系点工作面（5+1）。

百姓进行解释。人大常委会明确要求要听到最基层的声音，要把群众的意见原汁原味地反馈上来。群众讲的大白话，只要有价值，就要汇集起来，这些原汁原味的表达就是"最真实"的民意，代表了"最广泛、最真实、最管用"的民主真正的关切。群众一旦搞懂了法律就会积极参与，他们对于自己的意见可能直达中央，感到非常自豪。当然，这其中也包括基层各类相关专业人员的意见和建议。

我的第三个问题是，这个"立法联系点"具体是如何运作的？如何确保它不是一个"花架子"，而是能够真正反映基层意见的实体？我被告知，这取决于这个联系点的运作方式。其运作方式是"一体两翼"：所谓"一体"，就是街道党工委牵头，人民群众为主体；所谓"两翼"，就是顾问单位为一翼，街道的专家人才库为另一翼。顾问单位包括地方人大、地方法院等，专家人才库里有学者、律师等专业人员。街道现在有250名信息采集员，设立了80多个信息采集点。他们采用一个叫作"一二三"的工作方法，"一"指的是街道从人大法工委拿到法律草案后，要提前一个星期送给信息员，而且要帮助信息员掌握征求意见的要点，再由他们去收集基层的各种反馈；"二"就是要召开两种类型的座谈会，一类是面向普通群众的，一类是面向相关业务人员的，每一类座谈会都要形成综合性的意见；"三"是每个法律草案的讨论，至少要召开三场以上座谈会。

我的第四个问题是，到现在为止，也就是从2015年成立至今的四年时间里，他们一共经手处理了多少法律草案？他们告诉我一共"受理"了30部法律草案，包括《反家庭暴力法（草案）》《慈善法（草案）》《民法总则（草案）》等。坦率地说，这是一个很了不起的数字。

我的第五个问题，也是最重要的问题是，你们提出的建议管不管用？究竟有多少被采纳了？能不能给我举几个例子。街道工作人员告诉我，前后一共归纳整理各类意见、建议480条，其中25条被全国人大法工委不同程度采纳。他们给我举了一些生动的例子，其中之一是《反家庭暴力法（草案）》发下来之后，信息联系点马上广泛征求民意，然后把各种意见汇总报告上去。老百姓讲话很直白：一个市民说，"现在的家暴，不仅是老公打老婆、大人打小孩，还有子女打老人，但是文件里，通篇强调的都是对妇女儿童的保护，谁来管管我们的老人？"另外一位市民说，"按照农村人的传统观念，妻子被打是家丑，再怎么样也不会告诉外人。在这种情况下，要求受害人本人或者近亲属申请保护令，怎么操作呢？"这些意见就被原汁原味地报上去，最后人大通过的法律中就采纳了老百姓的意见，增加了反家暴中对老年人权益的保护；关于谁可以申请保护令，也做了修订，草案中原来写的是受害者及近亲属可提出申请，现在这个范围扩大到了居委会、村委会等基层群团组织。

还有一个很好的例子就是《电子商务法（草案）》，中国的电子商务现在引领世界潮流，所以中国的电子商务法律未来可能影响整个世界。这个街道的立法联系点反映了一个意见：电子商务平台要履行好审查和监督的责任，一旦客户与商家发生纠纷，这个平台要能够提供商家的真实名称和地址，否则的话，客户有权向平台要求索赔。这个意见也被采纳了。

从以上两个案例，我们可以看到中国人民民主与美国"资本民主"的巨大不同。我得出的结论很简单，如果我们的人民民主属于"最广泛、最真实、最管用"的民主，那么美国的"资本民主"就属于"不那么广泛，不那么真实，不怎么管用"的民主。坦率地讲，这已经是很客气的评价，更真实的描述恐怕应该是"不广泛，不真实，不管用"的民主。这很像在美国每天都发生的恶性枪击案一样，百姓付出的生命安全代价越来越惨重，但人们好像已经习惯了点蜡烛、放几束花，政客呈无比悲痛状，媒体表示强烈谴责，而美国立法机构永远无法在解决这个问题上做出实质性的举措。人们熟悉的这一整个流程走完，第二天枪击案继续发生，而且愈演愈烈。在人民民主模式下，如此容易定性和解决的问题，在"资本民主"下，却经年累月也解决不了。我可以想象，如果把奥巴马的医改方案拿到上海虹桥街道"立法联系点"来征求一下普通百姓的意见，第一条意见大概就是，"哪能好嘎长呢（怎么可以这么长呢），这不是欺负老百姓吗？"其实，"欺负老百姓"不就是"资本民主"的特点吗？

给西方民主把把脉

大家知道，我们这个时代是世界竞争非常激烈的时代，而所有竞争中，最激烈的就是"标准"的竞争。美国害怕华为，不仅是因为华为产品在5G领域领先美国，更因为它害怕华为可能主导未来5G的标准——在5G领域标准专利方面，中国公司形成了对美国公司的全面碾压。世界标准竞争大致有三种战略，一是追随者战略，采用别人的标准，跟在别人后面亦步亦趋；二是参与者战略，即参与国际标准的制定；三是领导者战略，就是在国际标准竞争中成为领导者，这也是效果最佳的战略，华为就是这样做的。

在国际政治和国际传播中，西方一贯奉行领导者战略，一直在全球范围内推动"西方标准"，为自己的战略利益服务。这种标准就是话语权。在他们的操纵下，有些国家民不聊生、战乱四起，甚至变成了人间地狱，他们竟然可以连一声道歉都不说，因为他们推动的是所谓"普世价值"，怎么会错？然而随着中国的崛起，随着整个非西方板块的崛起，整个世界开始看到现代化的另一条可能路径，西方仗着"标准"欺人的局面面临终结。

沿着这个思路，我们可以给西方民主把把脉。"把脉"是个具有中国气韵的词汇，中医师指按病人的脉搏，便可诊断疾病，开出药方。我认为我们已经到了这么一个时刻，可以用中国人的标准和眼光来诊断一下今天西方体制的问题，诊断一下今天西方民主所患的疾病和病因，开出中国药方，为世界政治文明贡献中国人的智慧。

以我对今天西方民主模式的把脉，西方民主模式今天患的病可以用"四多三少"来概括。所谓"四多"，首先是太多的"重财轻义"，也就是"有钱能使鬼推磨"，多数人的利益受到越来越多的损害。"重财轻义"的标志性事件就是2010年美国联邦最高法院裁决：对公司和团体支持竞选的捐款不设上限。随后的2014年，美国联邦最高法院又裁决个人竞选捐款也不设上限。对此，连极右翼参议员约翰·麦凯恩（John McCain）也看不下去了，他说："美国今后将丑闻不断。"自由主义的旗舰杂志英国《经济学人》也刊文指出，"金钱获得了美国历史上前所未有的政治影响力。数以千计的说客（平均每位国会议员有超过20名说客）让立法过程变得更为冗长和复杂，让特殊利益集团更有机会参与其中"。[1]

这就是我经常讲的，最富的100个中国人不可能左右中共中央政治局，而最富的50个美国人大概可以左右白宫。这就是中美两国政治制度的最大差别。英国学者斯坦·林根由此联想到古希腊民主是如何走向覆灭的，他说："在古希腊，当富人成为巨富，并拒绝遵守规则、破坏政府体制时，雅典民主崩溃的丧钟就敲响了。今日之英美，也已到了岌岌可危的临界点。"[2]

第二是太多的"争权夺利"。我多次讲过，西方民主模式的一个基因缺陷是权利的绝对化，"否决政治"盛行，妥协变得越来越难，美国政客也好，英国政客也好，都把自己的权利放在

---

1 "What's Gone Wrong with Democracy", in *The Economist*, Mar. 1, 2014.
2 Stein Ringen, "Is America Democracy Headed to Extinction？", in *Washington Post*, Mar. 28, 2014.

整个国家利益之上，所以今天美国和英国的政治版图都是分裂的版图。2001年"9·11"事件发生的时候，美国两党曾达成过一次难得的共识，之后，党派再次陷入纷争不断、无法形成新的政治共识的境地。特朗普上台以后，政府多次关门，共和党、民主党之间恶斗的规模和程度前所未闻。

在2008年美国金融危机爆发后不久，英国《金融时报》曾刊文批评美国政客见利忘义，互拆墙脚，甚至"希望经济尽可能糟糕"，只要有利于自己当选就行，认为"美国在选择自我毁灭"。[1]

第三是太多的"饮鸩止渴"。这首先表现在"债务经济"上，西方民主制度下的政客为了拉选票竞相讨好选民，开出各种各样直接和间接的福利支票，这耗尽了国库，导致民粹主义和短视政治泛滥。希腊等南欧国家的债务危机就是这样形成的，美国居高不下的债务危机某种意义上也是这样形成的。这演变成了寅吃卯粮的债务依赖型经济，即通过借新债还旧债的方法来解决经济和财政问题。

美国加州政府破产（2008年美国金融危机为导火索）的例子颇能说明美国体制中饮鸩止渴的短视政治的存在。政客的民粹主义使其纷纷要求减税，先是减少财产税，后是取消汽车税，最后加州政府陷入了破产的境地。州政府后来想恢复汽车税，但州议会又从中作梗，结果使加州的财政状况陷入恶性循环。

1　Jacob Weisberg, "Washington's Appetite for Self-destruction", *Financial Times*, Aug. 5, 2011.

英国脱欧公投也是一个例子。为了应对党内脱欧派的压力，时任首相卡梅伦决定"豪赌"一次，举行脱欧公投，结果犯了颠覆性的错误，但又没有应对这种局面的任何预案，这就使英国经济和政治陷入了长期的不确定局面。

第四是太多的"空谈误国"。今天的西方民主几乎成了无休止的口水仗的代名词。奥巴马在2008年是高喊着"变革"的口号入主白宫的，但他执政了八年，兑现了多少承诺？他承诺削减美国国债，但美国国债却从原来的11万亿美元增加到约20万亿美元。[1]唯一兑现的就是他的医保方案，但特朗普一上台，又把它废除了。

希腊的情况很能说明问题。虽然国家深陷债务危机，但希腊的各个政党还是为下一轮竞选而没完没了地扯皮。希腊一方面仰赖外部的救援，另一方面又不愿意接受削减福利的安排。希腊领导人2011年曾公开主张举行公投来要挟欧盟，一时间整个欧盟陷入紧张当中，因为欧盟要自己的成员国拿出真金白银救济希腊谈何容易呀，西方模式的特点就是有福同享大家争先恐后，有难同当大家四分五裂。其实当时希腊政客的真正目的，只是为了让自己国内各党派间达成某种交易。《金融时报》当时是这样评述希腊政治的："希腊发明了民主。但现代希腊却有可能给民主带来恶名。雅典的政客们争论不休，有可能使欧洲债

---

1 Jeff Cox, "That $22 Trillion National Debt Number is Huge, but Here's What it Really Means", in *CNBC*, February 13, 2019.

务危机升级，对希腊、欧盟乃至世界经济整体产生严重后果。"[1]

"空谈误国"表现为西方国家治理能力普遍大幅下滑：冰岛领导人治理无方导致了国家破产（2008年）；希腊和意大利政府治理极其混乱，导致了现在的深层次危机（2009年以来）；美国如此庞大的金融体系弊病丛生，金融危机到了爆发前夕，小布什和他的政府竟毫无察觉，结果给美国和世界带来了灾难，美国的综合国力在一段时间里也随之直线下降。

刚才谈了西方民主的"四多"，现在来谈谈西方民主的"三少"。

第一，太少的"实事求是"。如果说中国这数十年的成功，靠的是实事求是精神，那么西方民主今天最缺乏的就是实事求是精神。这突出地表现在多数西方政客不愿意按照事物的本来面目来认识事情本身，而总是将事情意识形态化。尽管西方号称有言论自由、出版自由，但西方政治生活中意识形态禁锢极多，对内是选举政治化，对外是意识形态化。

选举政治化意味着政客的所作所为首先考虑的是选举政治的需要。例如，美国今天的贫富差距本质上是资本力量对美国政治体制的控制所造成的。例如，美国2008年金融危机本质上要归咎于华尔街的贪婪和政府监管严重缺位，但美国政客却铁了心转移视线，把责任推给中国，拼命炒作所谓中国操纵人民币汇率，抢走了美国工人的饭碗，炒作所谓的中国"窃取"美

1　FT社评：《希腊困局》，见FT中文网，2011年11月7日。

国知识产权，"盗窃"美国技术等，给中国罗列了一大堆莫须有的罪名，现在又在新冠肺炎疫情问题上"甩锅"中国，真是欲加之罪何患无辞。实际上中国共产党党建过程中提倡的"眼睛向内""举一反三""打铁还需自身硬"等，是非常有利于帮助美国真正摆脱困境的政治智慧，但由于种种原因美国做不到。

从对外政策来看，西方国家，特别是美国的对外政策具有强烈的意识形态色彩。许多西方政客实际上还生活在"神学时代"，拒绝"实事求是"地看待这个早已发生了巨变的世界。美国副总统迈克·彭斯（Mike Pence）2018 年发表演讲，指控中国全面干预美国中期选举，要替换美国总统，然后神情坚定地说，"美国不会被吓倒，美国决不退缩"，[1]对中国人来说，这简直是一种黑色幽默。他的想象力太丰富了，美国的自信心下降得太快了，中国人还真有点不适应。口无遮拦的美国时任国务卿蓬佩奥更是不放过一切机会造谣和抹黑中国，从人权到 5G 到"一带一路"到中俄关系，等等，他的造谣和污蔑到了无以复加的地步，好在他自己不久前也承认，撒谎、欺骗、偷窃，是美国中情局一直干的事情。[2]

第二，太少的"选贤任能"。西方社会今天极其缺乏具备战略眼光和执行力的政治家，原因是西方今天的体制明显缺乏"选贤任能"的制度安排。在许多西方国家，多党民主制度早已

1 《美副总统回应军舰闯南海被中方驱离：美国不会被中国吓倒》，《环球时报》，2018 年 10 月 4 日。

2 《蓬佩奥：我们撒谎欺骗偷窃，这才是美国的荣耀》，央视网新闻，2019 年 4 月 23 日。

演变成一种"游戏民主"，也就是民主等同于竞选，竞选等同于政治营销，政治营销等同于拼金钱、拼资源、拼公关、拼谋略、拼形象、拼表演。这种没有"选贤任能"理念的"游戏民主"所产生的领导人能说会道者居多，能干者极少。他们关心的是公关、包装、曝光度、粉丝量，特别是"铁粉"和"脑残粉"，治国理政的经验和能力不重要，人品道德也不重要，只要能"忽悠"到足够的粉丝，就可以稳操胜券了。

2019年5月，在和俄罗斯媒体的见面会中，他们问我怎么看中、美、俄关系，我说，中、俄两国现在的领导人是一流的政治家，美国领导人呢？你懂的。他们笑了。大家可能还记得美国2016年的总统竞选，两个主要候选人，特朗普和希拉里，都发誓要把对方送进监狱。一位被指责为生活极不检点，严重偷税漏税，还有"通俄门"，另一位深陷"邮件门事件"，被指要对美国大使惨死利比亚的案件负责。这种恶语相向，竞相比烂，在美国总统竞选的历史上都是少见的。美国选民的困境是，这两个人都很糟糕，但又不得不选一个，要不就只能完全放弃。这种让人无奈的状况正越来越成为西方模式下的常态。

希腊破产、意大利政局乱象也和低能的政客有关。希腊的乔治·帕潘德里欧（Geoge Papandreou）和意大利的西尔维奥·贝卢斯科尼（Silvio Berlusconi）是这些国家的标志性人物。帕潘德里欧祖孙三代担任希腊总理，是西方"游戏民主"里小范围选人的"家族政治"的典型。贝卢斯科尼是意大利首富，坐拥亿万家产，控制意大利主要传媒，尽管关于他的各种绯闻和丑闻几乎从未间断，但他还是三度出任了政府总理。这些国家都曾相当风光，但一代无能的领导人就可以让国库败得精光。

第三，太少的"一以贯之"。如果说中国崛起的一个主要原因是一张蓝图绘到底，"一届接着一届干"，功成不必在我，那么西方走衰的一个主要原因就是"一届对着一届干"，不停地翻烧饼。特朗普上台后，马上否定前任所做的一切，先是退出了"跨太平洋伙伴关系协定"（TPP），然后退出了关于气候问题的"巴黎协定"，又退出了联合国教科文组织，退出了联合国人权理事会，退出了"伊朗核协议"——"伊朗核协议"本被视为奥巴马最重要的外交遗产，是美、中、俄、英、法这五个联合国安理会常任理事国，再加上伊朗、德国，进行了长达18个月的谈判才达成的。但特朗普一上台，说撕毁协议就撕毁了，完全不顾国际社会的一致反对。这也重创了美国自己的信誉，重创了美国的软实力，使美国在这个世界上越来越陷入孤家寡人的境地。到了拜登执政，他又忙于把特朗普退的这些"群"纷纷加回来，但国家信誉的损失是难以挽回的。

刚才谈了西方民主的"四多三少"，大家可能注意到我举出的例子主要来自三个国家：美国、英国、希腊。为什么？因为希腊是西方民主制度的发源地，英国是西方议会民主的发源地，美国是长期以来最不遗余力地向全世界推销美国民主模式的国家。现在三点成一线，西方民主一路走衰的大势展现无遗。

不可否认，西方历史上对民主模式的探索和实践在人类政治文明发展中有其作用和地位，西方民主思想也有不少值得借鉴之处。但是，今天西方民主模式已经走进了死胡同。

西方民主模式其实很像一个被宠坏的孩子，如果他有祖上遗留下来的家产，他自然还可以不思进取，继续挥霍和"游戏"一番，但在这个竞争日益激烈、环境已发生巨大变化的世界上，恐将越来越难以为继；而对于那些祖上没有留下家产的发展中国家，或者非西方的国家和地区，一旦效尤西方，则基本无药可救。

有人问我，能不能给西方民主开几贴中国药方，我首先想到的是刮骨疗法，但后来又犹豫了，因为开了肯定没用，它怕痛，肯定受不了，还要说你"侵犯人权"，所以就暂时搁置一下吧。但有一点是肯定的，西方体制需要实质性的改革，特别是要改变资本力量独大这一深层次问题，否则西方走衰的速度还要加快。

既然刮骨疗法不现实，我们就来个保守疗法吧，也是中国人的一条宝贵经验，叫作"与时俱进"。中国古代先哲在《礼记·大学》中说："苟日新，日日新，又日新。"时代变了，非西方世界正在迅速崛起，西方想以不变应万变，最后只会越来越被动。实际上西方很多有识之士也看到了今天再不与时俱进的话将面临越来越多的危机。2011年11月，在经历了540多天无中央政府的危机后，比利时一批当地的知识分子发表了"千人集团宣言"（G1000 Manifesto），对西方民主制度未能"与时俱进"提出了强烈的批评，这个声明是这样说的，除了民主之外，世界上所有的领域都在追求推陈出新。既然如此，为什么在民主问题上，"我们仍然满足于19世纪30年代的程序，死抱着两百年的古董不放手？"当然，西方能否做到与时俱进，我并不乐观，主要原因是改革需要破除既得利益的阻挠，而破除既得利益的阻挠，需要一个代表人民整体利益的政治力量来主导，这在西方体制下是做不到的。[1]

谈谈言论自由

谈论民主一定会涉及言论自由的问题，西方也经常用中国没有言论自由来攻击中国政治制度，而我又特别喜欢和西方学者讨论言论自由。我经常问他们，你们讲的言论自由，到底指什么？他们一般都是回答，想说什么就说什么。我就对他们说，那你们的言论自由肯定比中国人少太多了，因为今天的西方社会特别讲"政治正确"，英文叫"politically correct"，在什么都要"政治正确"的社会，怎么可能"想说什么就说什么"呢？

我把言论自由分为生活领域的言论自由和政治领域的言论自由。我们可以先来看一看生活领域的言论自由。

在中国，你见到一个女孩子，可以称呼她"美女"，见到一个男孩子，可以称呼他"帅哥"，尽管可能不一定那么美也不一定那么帅，这只是一种常用的、轻松随意的打招呼方式。但这

---

1 "千人集团宣言"全文见 http：//www.g1000.org/en/manifesto.php。

话在英美等一些西方国家是不能说的，这叫condesending，意思就是你怎么能够居高临下地判定别人是美还是丑呢？坦率地说，中国文化比西方文化更加自然，更加包容，几乎什么话都可以说，没有太多西方意义上的言论禁忌，但一个心智成熟的人都知道凡事有一个度，如果把握不好度的话，只能被人家说还没有长大，心智还不那么成熟。同样别人也可以从你的谈吐中判断你的人品、学识和品位。

我再举一个例子。中国人喜欢聚会，"50后""60后"小学同学聚会，大家40多年没见面，初次见面往往互相都认不出来了，你见到一个老同学，发现他头发少了，你可以说，哎，老兄，你怎么谢顶了。这话在中国可以说，在美国可千万不能说，因为这叫作"基于生理缺陷的歧视"。

这种"政治正确"在西方几乎无处不在，学过一点英语的人都知道，绝大多数场合，你不能问别人的年龄、收入、宗教、信仰、是否有男朋友/女朋友、是否结婚、是否参加工会，等等。在美国，某些族裔人群的犯罪率比较高，但这几乎是不能碰的话题，因为"政治不正确"。

实际上随着社会的发展，人们对很多问题的认识在深化，在不少方面，一定的"政治正确"是有其道理的，比方说，过去我们常说"瞎子"，现在说"盲人"，这种表述的变化显示了对残疾人更多的尊重。但我认为西方在"政治正确"上已经走火入魔了。比方说，随着女权主义的发展，英文中chairman（主席）这个词，已经很少用了，因为里面有man（男人）。多数情况下要用chairperson。但事情的另一面是，西方大多数社会中，女子结婚还要改为夫姓，西方国家男女同工同酬迄今都还没有实现，这些才是严重的男女不平等，人们却熟视无睹。

再看美国，可能是长期的"政治正确"把美国人的"言论自由"欲望压抑得太久了，结果美国人在2016年干脆选出一个基本上不顾"政治正确"的领导人，满嘴跑火车，真的、假的、儿童不宜的，他都敢说。一些人总算感受到了在美国久违的言论自由，而这样的极端让另一些人痛心疾首，认为这实在是重创了美国的软实力，让美国在整个世界面前都没有脸面。究竟什么是言论自由，今天很多美国人其实比我们中国人更纠结。

总之，如果我们讲的是日常生活中的言论自由，那么中国人日常生活中的言论自由程度远远高于美国，高于西方。中华民族是一个拥有过复杂历史经验、见过世面的民族，中国虽然也有某些"政治正确"，但远没有西方那么走火入魔。

任何一个社会，高度关心政治的人都是少数，绝大多数人最珍惜的一定是每天普普通通生活中的言论自由，否则生活就太枯燥、太压抑了。我老说：一出国，就爱国。很大程度上也是中国人觉得西方日常言论中禁忌太多，能讲真心话的人太少，多数人出于"政治正确"的顾忌，见面便是"今天天气，哈哈哈，你家狗，我家猫"这些，热爱生活的中国人总觉得这实在有些枯燥。我们一定要汲取西方"政治正确"走火入魔的教训，维护我们自己的文化传承，捍卫我们极为珍视的言论自由。

现在我们比较一下中西方政治领域内的言论自由。

2019年，时任NBA休斯敦火箭队总经理达雷尔·莫雷（Daryl Morey）支持"港独"的言论引起了中国人的愤怒，而后NBA总裁和美国媒体又以言论自由的名义为他辩护，引来了更多中国人的愤怒，因为这种辩护是站不住脚的。

其实，任何一个国家的政治言论自由都有自己的特点，也有自己的底线。比方说，英国不允许歌颂希特勒，日本不允许批评天皇，泰国不允许开国王的玩笑，法国不允许说科西嘉独立，美国不允许播放本·拉登的讲话，对于"维基解密"（Wikileaks）这样的网站，出现一个就封一个。另外，你若现在在美国讲中国好，就是"政治不正确"，就要冒相当的政治风险。

2019年香港的"修例风波"引起了中国人民的愤怒，但脸书、推特等公司成千上万地封号，他们非常害怕外部世界了解香港所发生事件的真相。2020年新冠肺炎疫情暴发后，我们再次见证了美式言论自由的虚伪。他们说，言论自由可以让"吹哨人"提前发出警报，但美国的实际情况表明，你有10个、20个"吹哨人"也没有用，只要敢违背资本的力量，它叫你噤声你就要噤声，不管你是科学家、大夫，还是航空母舰舰长。美国疫情防控的首席专家安东尼·福奇（Anthony Fauci）惊呼自己和家人的生命都受到了威胁。麦卡锡主义在美国再次袭来，多少美国学者噤若寒蝉，现在连客观介绍中国都成了禁忌。

在政治领域内，一个国家在自己历史和文化的形成过程中，都会对某些特定话题特别敏感。例如美国长期实行的种族主义和后来的民权运动，使种族问题变成了一个超级敏感的话题。比方说，你不能对黑人说，我请你吃西瓜，因为据说历史上若奴隶干活比较好，奴隶主便会奖励奴隶吃西瓜，后来这个表达又衍生出各种带有贬义的意思。再比方说，曾任NBA快船队老板的唐纳德·斯特林（Donald Sterling）曾被罚250万美元并终身禁赛，因为他和女友的聊天录音被人捅了出来，其中含有歧视黑人的话。所以正如前面的例子所说，今天用言论自由的借口来为针对中国的不当言论辩护，显然是站不住脚的。

因为曾长期与苏联冷战，"共产党"这个词在美国和西方很多国家都成了一个敏感词，一个人说共产党好，就会立即被西方国家和西方主流媒体打入另类。我在《这就是中国》节目里多次讲过，西方读不懂中国的一个主要原因就是读不懂中国共产党，我也讲过西方今天极度缺少中国人讲的"实事求是"精神，缺少真正的理性精神——我想这种局面持续下去，只会更多地损害西方自己的利益。

中国政治文化中也有敏感的话题。近代中国饱受西方帝国主义的侵略和欺辱，付出了数千万人牺牲的民族代价才赢得国家独立，中国人对涉及国家主权和领土完整的话题非常认真，不容任何人在这个问题上羞辱中国。所以莫雷支持"港独"的推特和后来NBA总裁亚当·萧华（Adam Sliver）所讲的话（支持莫雷的言论自由），无疑触犯了中国人的底线，必然会受到中国人民的强烈谴责。如果他们连这一点都不了解，那实在是太缺乏中国政治文化的常识了。

但这种无知正是西方今天的实际状况。我经常说，西方很多人不了解中国，在某些认知中形成了刻板印象，我们对他们要有一个再教育的过程。中西方话语交锋不可避免，过去这种交锋主要发生在外交场合，现在是在互联网世界。普通中国人觉醒了，对西方话语偏见和傲慢开始进行自发的抵制和批判，这是非常好的事情。表面的冲突实际上有利于普通民众看见彼此，认识对方，打破偏见，而不是被资本化的媒体所诱导。中西方文化交流中的这个坎是一定要经历、要迈过去的。

从治国理政的角度看，西方今天把言论自由绝对化，否定言论自由与责任的关系，这正在许多方面严重损害西方国家自己的利益。首先是西方政客普遍长于空谈，短于做事，结果是"空谈误国"。关于这一点，我们在前文已多有论述，此处不再赘述。

其二是西方主流媒体的言论越来越不负责任，导致"假新闻"泛滥，关于中国的"假新闻"更是铺天盖地，专业水准之低令人大跌眼镜，结果是西方永远读不懂迅速崛起的中国。2019年10月，我在英国剑桥大学耶稣学院做过一次演讲。演讲中，我专门提到西方媒体要拿出勇气，告诉西方读者一个简单的事实，即多数中国人认为自己的国家走在正确的道路上。我使用的是民调机构益普索2019年发表的跨国民调的结果。该结果显示，91%的中国人认为自己的国家走在正确的道路上，而英国的这一比例只有21%。我告诉他们，西方媒体关于中国政治报道的质量是如此之低，以至于我们几乎可以反过来读他们的报道，他们说"是"，往往就是"不是"，他们说"不好"，往往就是"很好"。2019年10月，BBC一度振振有词地说，"发现39个偷渡英国的遇难者，他们都是中国人"，可最后证实他们是越南人，但BBC连一声道歉都没有。对于世界最大的消费市场、最大的投资市场，对于走在世界新技术革命最前沿的中国，一家西方主流媒体竟然如此傲慢无理，如此孤陋寡闻、最后受损害的，只能是西方国家自己的利益。我还是那句老话，既然他们愿意，就让他们继续留在黑暗中吧。

三是西方领导人自己也利用言论自由散布各种谎言，结果是自己的国家信誉和软硬实力一路走衰。自特朗普总统使用"假新闻"描述西方主流媒体的报道后，美国政客与美国媒体之间互相掐架，好一番热闹。大家发现"假新闻"固然可恨，但美国领导人自己的言论也充斥着谎言。光是与中美贸易战有关的谎话就有许许多多，这导致美国的整个国家信誉不断丧失。中国人对政治人物要求很高，要求当领导的人要"言必信，行必果"。而西方今天的政治人物越来越成为"言而无信，行而无果"的代名词，不得不让人认为，这不正是西方政客在本国日益不得人心，西方整体实力走衰的主要原因吗？

这一切其实也背离了西方自己的许多政治传统。例如，英国思想家洛克一直强调自由的两个重要前提：理性与法治。没有理性和法治，就没有真正的言论自由可言。德国哲学家黑格尔明确区分了自由与任性，强调自由不是任性，不是为所欲为。此外，这也不符合战后形成的联合国主要人权公约的要求，如

《公民权利和政治权利国际公约》，对自由的论述也是既强调自由又强调责任的。这一公约的第19条指出，"人人有自由发表意见的权利"，但同时又明确规定：行使言论自由权利时"带有特殊的义务和责任"，包括遵守"法律规定"，包括"尊重他人的权利或名誉"，包括"保障国家安全或公共秩序，或公共卫生或道德"。

我们再来看看美国人经常引用的美国宪法第1条修正案，它被认为保护了美国民众的言论自由。但实际上，美国最高法院处理言论自由案件时，一些法官坚持"绝对原则"，认为什么言论都可以保护，只要不付诸行动即可。但也有许多法官表示反对，认为应该采取"行动原则"，因为言论本身就是行动，如果美国公民诽谤他人而不受到追究，那么只能得出荒谬的判决。

事实上，美国为了钳制反对或批评的声音，历史上曾出台过不少限制第1条修正案的法律。例如，1798年通过了《反煽动叛乱法案》，规定只要有人煽动人民憎恨政府，抗拒法律或总统，就要被判刑。1917年，以自由主义自诩的威尔逊政府，制定了"反间谍法"，当时美国想加入第一次世界大战，这个法案惩罚任何阻碍参战的行为。如果一个人要说服他的朋友不去参加"一战"，认为这场战争是不正义的，那么就会受到法律的制裁。1940年美国又通过了《史密斯法》，授权执政当局以事先检查的方式查禁一切不利于政府的言论和邮件，诽谤政府就可能被判入狱，而且相关的案件不计其数。20多年之后，直到20

世纪60年代，这个法案严厉执行的状况才有所缓解。2001年的"9·11"事件后，美国国会通过了《爱国者法案》，以反恐的名义，允许美国安全部门查看民众互联网通信的内容，许多美国人都认为这是对言论自由的大规模侵犯，但也没有办法，美国现在就是这么做的。

在今天的网络时代，美国政府对言论的控制，变得更加广泛。根据"棱镜门"主角爱德华·斯诺登（Edward Snowden）的爆料，脸书、YouTube等九家公司均配合参与了美国政府的"棱镜"监控计划。美国政府甚至公然监听欧洲国家领导人的电话，这早就是全世界都知道的秘密。

我的一位美国朋友曾给我讲过一个故事。大家知道，美国熟人见面一般说一声Hi，而美国很多人的小名叫Jack，你现在把这两个词连在一起说就有很大风险，因为Hijack的意思是"劫机"。所以你上飞机后，见到Jack，千万不要这样打招呼。他还跟我说，电话里也不要这样说，因为这个说法可能会启动自动监听装置。我说，你是在开玩笑吧？他说他也是听来的，但听到这个故事后，他在电话里再也没有说过Hijack。不管这个故事是真是假，普通民众内心中对美国言论监控的印象，由此可见一斑。

民主：西方模式的困境

席卷西方的民粹主义

"民粹主义"这几年变成了中国人比较熟悉的一个词汇，很大程度上是因为美国在2016年选出了特朗普，他被普遍看作是一个长于利用民粹主义实现自己目标的政治人物。到底什么是民粹主义呢？民粹主义的英文表述是populism，可以翻译为"民粹主义"或"大众主义"，一般指长于哗众取宠，打民意牌，甚至以此招摇撞骗，不在乎国家的整体和长远利益，只在意情绪的宣泄、一时的喝彩与选票，政策随大众情绪摇摆的现象。由此可见，民粹主义最大的问题是理性的缺位，这最终会给人民利益带来巨大的损害。

早在2011年我和"历史终结论"的提出者福山的那场辩论中，我就对他说，我看衰西方民主模式，一个重要原因是它难以解决"低智商民粹主义"问题，英文叫作"simple-minded populism"。美国的政治制度解决不了这个问题，而且还会越来越严重。福山先生当时自信地回应："美国最伟大的总统林肯有一句名言：'一个人可以在部分时间欺骗部分人，但不可能在所有时间欺骗所有的人。'对于一个非常成熟的民主制度，人们有自由的言论权、评论权。从长期角度来说，人们最终还是会做出正确的抉择。"我当时是这样回应的："您可能太乐观了，认为美国不会被民粹主义左右。"但我自己觉得随着新社交媒体的出现，民粹主义会越来越严重，这是一个大趋势。一个国家也好，一个社会也好，垮起来是很快的事情，不是简单的一个体制问题。[1]

---

1 关于这场辩论，参见张维为：《中国超越——一个文明型国家的光荣与梦想》，上海人民出版社，2014年，第152—166页。

十年来，特别是2016年美国特朗普当选总统和英国脱欧的公民投票，直至2020年美国在新冠肺炎疫情防控、治国理政上都如此荒腔走板，但时任总统特朗普还是得到美国近一半选民的支持，我们可以看到西方民粹主义愈演愈烈，民主品质每况愈下。福山引用的林肯的表述在哲学层面是对的，语言也很有魅力，但奈何现实很骨感，政治有多个维度，时间维度、空间维度、成本维度均需在判断中被考虑。我多次讲过一个例子，如果你丢了手机，有人以富有哲理的方式宽慰你说，"没关系呀，你的手机还在这个地球上"，这能解决问题吗？

在西方现行的民主模式下，民粹主义几乎是必然的。这是选举政治的必然结果：政客为了拉选票就要讨好选民，做出各种各样的承诺，开出各种各样直接或间接的福利支票。所以这种民粹主义政治的直接后果，就是西方国家今天债务沉重，政府寅吃卯粮。《经济学人》曾在2014年发布封面长文，反思西方民主，文章承认"对民主最大的挑战既不是来自上面，也不是来自下面，而是来自内部，来自选民自身。事实证明，柏拉图有关民主制度会令公民'整日沉迷于愉悦时刻'的担忧充满了先见之明。这些政府通过借债来满足选民的短期需求，忽略长期投资"。[1]

然而，这只是一般意义上的西方民粹主义政治。我今天想和大家探讨的是近年出现的更为严重的民粹主义，这种民粹主义在政治、经济、社会出现深刻危机时兴起，它更像德国在20

---

1 "What's Gone Wrong with Democracy", in *The Economist*, Mar. 1, 2014.

世纪30年代初的魏玛共和国时期，希特勒利用德国百姓对于经济和社会危机的不满，特别是对于严重失业的不满，采用民粹主义手段，轻而易举地在1932年获得37.4%的选票，成为德国议会第一大党，最终祸害德国和整个世界。[1]

我们不妨回望一下2016年以特朗普获胜结束的美国大选。这次大选的背景是美国多数百姓在数十年间的实际收入在扣除物价因素后几乎没有增长，中产阶级规模不是增大，而是缩小，再加上新媒体的卷入、金钱的卷入、人工智能的卷入等，这一切为民粹主义人物走上政治舞台提供了有利条件。2008年美国引爆的金融海啸不仅重创了全球经济，美国的治理表现也重创了美国民众的政治信心，这场危机使美国百姓的财富平均减少了五分之一，但其后财富却继续向最高收入人群聚集；[2]造成巨大灾难的金融扩张并未被遏制；政治人物，包括在2008年给美国人带来激动人心承诺的奥巴马，最终也向华尔街屈服，用国家的税收去拯救美国的超级富豪，引起了美国民众的普遍愤怒。美国人中相信"美国梦"的人数降到了20年来的最低点。尤其是年轻人更为悲观，一半以上的年轻人已经不再相信资本主义是最好的经济体系。美国的社会流动性日益下降，精英日益世袭化，年轻人改变命运的机会越来越少。

在这样的情况下，美国建制派精英严重脱离国情，对美国普

---

1 朱庭光：《法西斯体制研究》，上海人民出版社，1995年，第68页。

2 根据童真：《金融危机对美国居民收入及消费的影响》（载《现代商业》，2011年第2期），危机期间美国中等收入家庭的净资产缩水约为30%。

通百姓的真实生活不闻不问。2016年总统竞选时，特朗普的对手希拉里的一番话曾引起轩然大波。她称共和党候选人特朗普的支持者中一半是"一群可悲的可怜虫"（the basket of deplorables）："（他们是）种族主义者、性别歧视者、恐同性恋者、仇外份子、恐伊斯兰主义者……随你怎么说他们"；另一半支持者"要么觉得政府让自己失望了，要么觉得经济让自己失望了，总之觉得没人关心他们"。[1]这种政治精英对社会大众的嘲弄和蔑视，进一步刺激了反建制的民粹主义思潮发展至今天这种覆水难收的地步。

到2016年美国大选时，美国政治的民粹化事实上体现为两个极端，一个是以伯尼·桑德斯（Bernie Sanders）为代表的左翼民粹主义，一个是以特朗普为代表的右翼民粹主义。桑德斯的民粹主义诉求比特朗普的民粹主义要纯粹一些，目标集中在消除美国的贫富差距、保护劳工权利、反对不平等上。他们反对的目标也很明确，一是以华尔街为代表的金融资本，二是被美国劳工视为威胁的全球自由贸易体系和跨国公司。从公开发表的言论来看，在这些问题上特朗普与桑德斯的立场并无太大差别。正因如此，在特朗普和桑德斯的选民之间，产生了两党多年来第一次的高度重叠。一家右翼保守主义的新闻网站"德拉吉报道"（The Drudge Report）做了一项民调（2016年），让它的读者选择他们喜欢的下一任美国总统。桑德斯的支持率仅次于特朗普（特朗普是36.05%，桑德斯是29.69%），远远领先

---

1 Dan Merica and Sophie Tatum, "Clinton Expresses Regret for Saying 'Half' of Trump Supporters and 'Deplorables'", in *CNN*, Sep. 12, 2016.

于其他共和党候选人。换言之，就经济民粹主义而言，特朗普和桑德斯是同一个硬币的两面，他们两个人都体现了反建制、反精英的特点，从而得到了美国左右两派众多民众的认同。

但在政治立场上，左翼民粹主义与右翼民粹主义有很大的差别。对于桑德斯的拥护者来说，美国的问题全部在于资本主义，他们自称社会主义者，把拥护桑德斯变成一种时尚。这些人对现有的美国民主体制不满，但相信其可以得到改善。对于特朗普的支持者来说，美国需要的不是社会主义，而是文化民粹主义和种族民粹主义。这体现在特朗普的反移民、美国利益优先、赤裸裸的白人至上立场上。他不断抛出各种不实的极端言论：什么中国对美国贸易顺差每年数千亿美元[1]是掠夺美国；什么中国偷走了本该属于美国的工作机会，中国要对美国的疫情负责，等等。

民粹主义的核心问题是理性的缺位，政客通过哗众取宠、"甩锅"他人，赢得部分民众的喝彩，但无法理性地研究问题和解决问题，更不要说谋划自己国家的整体利益和长远利益。美国在新冠疫情防控上的全面失控，很大程度上就是这种极端民粹主义惹的祸，因为这波极端民粹主义带来了几个问题：一是把一个没有道德底线，毫无执政经验，却能说会道的表演型商人选为了国家最高领导人，结果自然是将帅无能，累死三军，祸害百姓；二是民粹主义使社会充满了对抗和争议，贫富矛盾、

---

1 据《金融时报》，美国2016年与中国商品贸易的逆差为3 470亿美元。参见 "Why Trump No Longer Talks about the Trade Deficit with China", in *Financial Times*, Sep. 1, 2020。

种族矛盾、身份矛盾集中爆发，根本无法形成关于抗疫的政治共识和社会共识，结果只能各自为政，连全国统一的抗疫计划都没有；三是在民粹主义思潮下，政府和权威机构的公信力丧失殆尽，民众不相信政客，不相信政府，不相信科学权威机构，不相信主流媒体，总统和他的高级官员也不相信科学权威机构，不相信主流媒体，结果全社会一度连戴口罩的共识都无法形成，国家为此付出了无比沉重的代价。

美国之外，欧洲的民粹主义也十分泛滥，与传统主流政治力量博弈激烈。欧洲民粹主义主要表现在反移民、反难民、反欧盟、反精英政治上。其深层原因是在经济危机大背景下贫富差距拉大，许多民众有强烈的被剥夺感，而传统政党找不到解决问题的办法，外来移民或难民成为"替罪羊"和被攻击的对象。英国脱欧被看作是英国乃至欧洲民粹主义者的一个胜利，而后欧洲民粹主义政党开始出现跨国合作的趋势，法国国民联盟（RN）、意大利联盟党（LEGA）和德国选择党（AfD）等右翼民粹主义政党拓展了在欧洲层面的合作，力图改变欧洲的政治生态。此外，现在一个欧洲国家的民粹主义运动很容易扩散到其他国家和地区，如法国的"黄马甲运动"很快便蔓延到了欧洲其他城市。

面对新冠疫情，欧盟成员国缺乏团结精神的弱点暴露在世人面前。当意大利疫情失控，亟需欧盟其他成员国帮助的时候，各国无一伸出援手，甚至出现德国扣留意大利所购口罩的情况。孤立无援的意大利人愤懑已极，虽然后来法国和德国采取了一些补救行动，但民间对欧盟团结战疫的质疑声浪不断。疫情下为摆脱经济困境，欧盟试图发行抗疫债券，但德国和荷兰等国坚决抵制。欧盟层面战疫援助的其他财政计划也不容乐观。欧盟成员国仍旧为了自身利益互不相让，真有一种貌合神离的感觉，同甘可以，共苦不行，跨成员国的团结精神极为有限。

总之，席卷整个西方世界的民粹主义，与新冠疫情正面相遇，使欧美国家面临新的巨大挑战：民粹主义摧毁了社会共识和政治信任，加重了新冠疫情事态；而新冠疫情带来的灾难，又使欧美社会更加分裂、更加民粹，两者形成了一种恶性循环。

民粹主义有解吗？西方民主模式现在已基本演变成为一种"游戏民主"，即民主等同于竞选，竞选等同于政治营销，政治营销等同于拼金钱、拼资源、拼公关、拼谋略、拼形象、拼表演；政客所做的承诺无须兑现，只要有助于打胜选战就行。这种"游戏民主"无疑为民粹主义提供了最丰富的土壤和最合适的温床。实践证明，西方现有政治制度下，民粹主义问题是无解的。西方民主的理性人假设、权利绝对化、金钱和社交媒体的大规模卷入等，都意味着民粹主义问题将长期化乃至永久化，这对欧美整体实力的伤害是难以逆转的。

"阿拉伯之春"为什么会变成"阿拉伯之冬"？

谈完西方民主模式在欧美国家自身造成的民粹主义困境，

我们再来看看这一模式兜售给世界其他国家的结果。

"阿拉伯之春"变成"阿拉伯之冬"已经成为不争的事实，但了解为什么会出现这个变化对于我们中国人确立道路自信至关重要。"阿拉伯之春"始于2010年底突尼斯的一起小贩自焚事件，这一事件触发了突尼斯民众对失业、物价上涨、腐败的不满，引发了骚乱，但突尼斯毕竟是一个人口只有千万的小国，很快"阿拉伯之春"就蔓延到人口近亿的埃及这个中东大国，随后又扩展到西亚、北非的许多阿拉伯国家。西方国家一片欢呼声：一个新中东即将诞生。但十年过去了，现状如何？现实是利比亚已四分五裂，整个国家陷入内战状态，连美国大使也遇袭身亡；突尼斯虽然没有解体，但国家的经济已遭受重创，原来的世俗政权日益伊斯兰化；也门更是动荡不止，一个人口数量少于上海的国家，同时经历着三场战争：部落间的战争、教派间（逊尼派和什叶派）的战争、政府军与"基地"组织的战争，可能还有也门南部的独立战争；叙利亚更是由一个初步繁荣的国家变成"人间地狱"。埃及总统阿卜杜勒·法塔赫·塞西（Abdel Fattah al-Sisi）曾这样说，叙利亚、伊拉克、利比亚和也门等国发生的事件给这些国家的生命财产造成巨大损失，基础设施损失达到9 000亿美元，死亡人数超过140万人，沦为难民的有1 500万人。[1]

我去过突尼斯、叙利亚等国，但只去过一次，而埃及我去过六

1　2018年1月18日，俄罗斯卫星网报道，塞西在当月17日发表的上任总统四年的述职报告。

次，所以我在这里可以为大家解剖一下"埃及之春"这只"麻雀"。

2011年1月底，埃及出现了声势浩大的反政府浪潮，2月11日，长期执政的穆巴拉克总统黯然下台。西方媒体非常激动，认为伟大的西方民主模式降临到了阿拉伯世界。邓小平讲过，一个听过枪声的士兵和没有听过枪声的士兵是不一样的。实地考察过一个地方和没有考察过也是不一样的。我对埃及等中东地区做过许多次实地考察，在埃及老百姓家里住过，对那个地区的真实情况比较了解。所以2011年6月我在与福山辩论时就预测"阿拉伯之冬"即将到来。

我曾经在埃及境内，从首都开罗沿着尼罗河一路坐飞机往南飞到阿斯旺。放眼望去，尼罗河两岸狭长绿洲之外就是一望无际的沙漠，此时你会强烈地感受到埃及生存环境的恶劣，感受到"尼罗河是埃及生命线"的真正含义。埃及的国土面积大约为100万平方公里，但全国95%的领土都是沙漠，2011年的时候埃及人口是9 000多万，都"蜗居"在5%的国土上。所以埃及的人均资源是非常有限的。尽管这样，埃及人口仍增长很快，人口整体年龄水平也很年轻，50%的人口不到25岁。埃及没有像样的制造业，这意味着青年失业率奇高，当时超过了30%，在埃及的大街小巷，到处都是无所事事的年轻人。发生所谓"阿拉伯之春"的国家，如突尼斯、叙利亚、阿尔及利亚等，情况大都类似，失业游民成了"阿拉伯之春"的主要参与者。

2008年金融危机爆发后，美国大搞货币量化宽松，实际上就是转嫁危机，这导致了包括埃及在内的整个中东地区物价全面上涨，埃镑迅速贬值。埃及民众餐桌上的主食，如面包、西红柿、牛羊肉，价格都在成倍地增长。我的埃及学生陪我去开罗农贸市场调研，一公斤西红柿半年内涨价六倍，从2埃镑一公斤涨到12埃镑（大约等于2美元）一公斤。当时的埃及人口中有40%的人每日收入不到2美元，度日艰难。

这一切的背后是埃及极端畸形的经济结构。埃及整体上相当贫困，但同时又贫富差距巨大，国家经济早就成了大量依赖进口的消费型经济，从粮食到许多日常生活用品都依赖进口，结果是债台高筑。我第一次去埃及是1986年随时任国家主席李先念出访，中埃双方会谈的一个问题就是由于经济困难，埃及请求推迟偿还中国政府提供的贷款。当时埃及一年进口的消费品达90亿美元，而一年的外汇收入只有70亿美元。穆巴拉克执政了近30年，进行了一些经济结构的调整，但始终没有形成具备一定发展水平的制造业。

在经济状况恶化的同时，埃及的政治腐败变得越来越严重。坊间早就开始流传各种版本的政府高官腐败事件，特别是穆巴拉克家族的贪腐。普通埃及民众相信他的家族在海外拥有上百亿美金的赃款，是否属实，最后也没有确证，但这些传闻损害了穆巴拉克在埃及的威信。

埃及曾经被法国和英国殖民，所以继承了不少殖民时代留下的传统，如政府上层官员大都在欧美受过教育，但这些人与自己国家的民情往往脱节得厉害，导致国家治理水平低下。1987年我随时任国务院副总理李鹏去考察阿斯旺水坝，埃及电力能源部一位副部长全程陪同，他曾留学英国，讲一口漂亮的英文。但当李鹏问他，开罗居民一度电多少钱，副部长茫然不知，忙着问他的下属，下属又忙着问另一个人，最后才给出了答复。其实这种"上下脱节"的状况在发展中国家极为普遍：上层精英大都出身豪门，受过西方教育，但与本国社会严重脱节，官僚习气极重，对百姓疾苦不闻不问。中国政治文化中有"为官一任，造福一方"的传统，这在这些国家是没有的。埃及的民生没有搞好，各种社会矛盾日益尖锐，再加上外来因素的干扰，整个社会就像铺满了干柴，只等着一点火星便会燃烧爆炸。突尼斯小贩自焚事件成了这颗火星，引发了这场动荡与革命。革命是浪漫的，革命后的问题却更为复杂，埃及的许多深层次问题都无法通过这种以西方民主模式为目标的革命得到解决。

从我自己的实地考察来看，阿拉伯国家，只要搞一人一票的普选，上台的一定是伊斯兰势力，而不是亲西方的自由派势力。"埃及之春"爆发后的大选中，穆斯林兄弟会的穆罕默德·穆尔西（Mohamed Morsi）上台。埃及马上就陷入了伊斯兰派与世俗派之间不停的争端中。选举政治使然，双方都不妥协，矛盾不断加剧，结果是国家动荡，资本外逃，企业关闭，物价飞涨，犯罪飙升。2013年7月，军队又罢免了民选出来的穆尔西总统，这又导致了新的动荡。

西方欢呼"阿拉伯之春"，很多埃及人当时也相信，只要采用西方民主模式，他们的困难都可以解决，但事实证明，埃及的问题根本不是"民主与专制"的问题，而是"国家治理好坏"

的问题。我刚才提到的埃及的那些深层次问题，如人口爆炸、贫困问题、经济结构问题等，西方模式一个也解决不了，非但解决不了，还会使这些问题恶化。埃及如此，整个阿拉伯地区同样如此，这就是"阿拉伯之春"迅速转变成"阿拉伯之冬"的直接原因。

中国成语"水土不服"可以很好地说明这一切。我们的古人真是很有智慧，"水土不服"最早出自《三国志》中的《周瑜传》，即"不习水土，必生疾病"。"水土"两个字的用法非常精当，体现了中国的政治智慧，应成为中国政治话语的一部分。我们看任何一个国家、任何一个社会，它都至少包含四个层面——政治、经济、社会、文化。其中文化是最根本的，渗透到国家和社会的各个方面。所以我们讲的"水土不服"，"水"就是文化，渗透到一切领域；"土"就是政治土壤、经济土壤、社会土壤。为什么说西方的政治模式到了阿拉伯世界就出现了严重的水土不服？

先看"水"，也就是文化。埃及深受伊斯兰文化的影响，清真寺宣礼塔一日五次的祷告声不绝于耳，虽然也有世俗派，但对绝大多数民众来说，伊斯兰教的影响远远大于世俗派。从政治文化来说，伊斯兰势力和世俗势力之间存有难以调和的矛盾，且矛盾由来已久。一方得势，就完全排斥另一方，实行政治清算，缺乏妥协和包容的政治文化传统，结果搞西方竞争对抗式民主的过程就是一个不断加深分歧、激化矛盾、深化对抗的过程，社会撕裂进一步加剧。

再来看"土"，首先看政治土壤。埃及内部主要有三股政治力量：伊斯兰派、世俗派和军队。其中，伊斯兰派和世俗派长期对立，主要分歧是建立什么样的国家。伊斯兰派主张重建哈里发政治制度，他们认为埃及已经在错误的道路上行走了百余年，这种局面必须结束。对于他们来说，"阿拉伯之春"提供了这么一个机会。而世俗派则主张建立世俗国家，绝不能回到过去的宗教国家。

从经济土壤来看，埃及当时的经济主要是四根支柱：旅游业、苏伊士运河的收入、侨汇以及石油。如前所述，这种经济结构缺少制造业，缺少实体经济，对于一个拥有近亿人口的大国来说，这种经济结构无法创造足够的就业，青年失业问题难以解决，这导致一旦没有政治高压，青年人就走上街头，但街头政治又造成了更大的政治不稳定，甚至暴力冲突。"阿拉伯之春"带来的动荡，造成了企业倒闭，资金外逃，所以民生问题既是埃及发生"阿拉伯之春"的主要原因，也是导致埃及进一步发生政治动荡的重要原因。

社会土壤也是一样。随着互联网兴起和埃及经济形势的恶化，美国等外部势力积极推动颜色革命，埃及的社会思潮越来越极端化。一些研究报告曾说，这场"阿拉伯之春"是"三无"运动，即"没有明确的纲领、没有严密的组织、没有标志性的领袖人物"，这并不符合事实。2012年底，法国出版了一本研究"阿拉伯革命"的专著，书名叫《阿拉伯"革命"隐藏的另一面》（*La Face Cachée Des Révolutions Arabes*），来自法国、比利时、突尼斯、阿尔及利亚等八个国家的23名学者联合撰写了这本书。该书指出，美国是"阿拉伯之春"的背后推手。书中详细介绍了美国是如何通过培训骨干，利用互联网等手段，促成了这场"阿拉伯之春"。美国的一些所谓非政府组织和基金会，深深介入了这场街头"革命"。该书列出的卷入"阿拉伯之春"的美国机构有：美国国家民主基金会（NED）、自由之家（FH）、美国国际开发署（USAID）、开放社会研究所（OSI）等。其实，在苏联和东欧发生的颜色革命中都有这些机构的黑手。

此书还透露，早在"阿拉伯之春"爆发前，从2002年起，这些机构就开始筹划"阿拉伯革命"，仅在2005—2010年间，他们就培训了不少于一万名的埃及网络高手。每年为此投资近2 000万美元，后来还翻倍。[1]正因如此，2012年，上述机构中的某些成员曾被埃及司法机构指控为"非法筹资"，其中19名美国公民卷入其中。美国国务院当时向埃及表示抗议。[2]

这本书还指出，美国的介入分为两个层次，一是网络空间，二是培训骨干。他们培训了一批以阿拉伯文为母语的网络写手，也就是我们说的网络"大V"，组成所谓的"网络阿拉伯联盟"，在网络上设置议题，呼风唤雨。他们根据美国颜色革命专家吉恩·夏普（Gene Sharp）的理论，系统培训街头政治的骨干力量，这些颜色革命的套路在香港"修例风波"中也随处可见，从示威者的着装到标识，到各级指挥者整齐划一的手势动作，一看就是受过美国颜色革命专家训练的。网络上流传着一

1　[法] 埃里克·德纳塞等：《阿拉伯"革命"隐藏的另一面》，王朔、周谭豪译，中信出版社，2020年，第651页。
2　中新社北京2012年2月6日报道：埃及司法部门当地5日决定将40名涉嫌非法资助该国境内非政府组织人员移交开罗进行审判，嫌疑人包括19名美国人。

个短视频，蓬佩奥在美国一所大学的演讲中公开承认："我曾担任中央情报局局长。我们撒谎、我们欺骗、我们偷窃。我们还有一门课程专门来教这些。这才是美国不断探索进取的荣耀。"[1]美国极端势力天天在给我们"上课"，已经使国人越来越了解颜色革命的真相及其策划者的真面目。

关心政治的人可能也注意到，"阿拉伯之春"爆发后，西方主流媒体就倾其全力来控制话语权，把这场运动描绘为群众的"自发革命"，任何发出不同声音的学者或媒体人，马上就会被他们戴上帽子，说你在散布"阴谋论"。西方媒体刻意地把反政府者描绘为"英雄"，把政府描绘成"刽子手"。

这里我们不得不问一个问题，就是美国为什么要推倒埃及总统穆巴拉克？毕竟穆巴拉克被很多人看作是美国多年的铁杆朋友。前文我引入了一个中国文化中的概念"水土不服"来分析"阿拉伯之春"为什么会变成"阿拉伯之冬"，现在我引用一个英文概念，叫deep state，也就是"深层国家"，来解释为什么美国支持推倒穆巴拉克。所谓"深层国家"，指的就是"国家背后的国家"，也就是真正影响美国国家行为的一个深层网络，特别是美国的军工复合体、华尔街的金融资本、美国的中情局和美国国家民主基金会，等等。美国总统可以换来换去，有的对你友好一些，有的不那么友好，但"深层国家"的立场几乎是一以贯之的，他们一直致力于有计划、有预谋地推翻与美国

1　"Mike Pompeo About CIA:We Licd, We Cheated, We Stole"，视频网址见 https://www.youtube.com/watch?v=Vn5sXNrbTPI。

不一样的政治制度。不光是针对中国，对其他国家也是一样，只要你的制度跟我不一样，我就扶持你的敌对势力，培养代理人，培养"第五纵队"。针对中国，他们是支持"疆独""藏独""台独""港独"，支持"异议人士"，等等。

这样做对美国有什么好处呢？好处就是要让美国利益的代理人主政，使你的国家完全成为美国的附庸。对于他们来说，穆巴拉克还不够亲美，他的独立性还是太强。华尔街金融资本一贯支持所谓的"民主化"，因为一旦你这么做，他就立马支持一个由美国代理人组成的政党，唯有这个政党当选，你才是民主的，否则就是假民主，而其背后是华尔街金融资本可以通过这个代理人把别国的财富洗劫一空。如果这个目的不能完全达到，它至少可以搞乱这个国家，乱到打内战最好，这样美国的军工复合体就可以大卖特卖他们的武器。其实，早在20世纪50年代，美国时任总统艾森豪威尔本人就曾要求美国社会警惕美国的军工复合体对美国政治体制的绑架，但现在看来，这种绑架越来越难以摆脱，这是美国自身许多问题的根源，也是世界很多动乱的根源。

印度的民主困境

2018年11月，我再次到访印度，和印度的智库、媒体及政府官员进行了不少交流。抵达新德里那天，正好赶上了严重雾霾，PM2.5指数在500上下，新德里的学校全面停课。第二天看电视新闻：印度议会召集空气污染问题专题会议，要求29位议员和相关官员参加，但议员中竟然有24位不出席，由于到不了法定人数，会议只能取消。不出席会议的理由各种各样，如已有活动安排、生病、与自己负责的领域无关等，但印度的新闻评论员认为，这主要是由于党派之争，反对党发起这个会议，要借机"审判"执政党。

印度"雾霾治理"的困境实际上集中反映了印度民主制度的困境：一切问题都政治化了，政客互相指责，导致许多问题迟迟无法解决。

我们在这次出访中广泛接触了印度的智库和官员，约见了印度的媒体，举行了记者会。我去过印度许多次，知道印度媒体是被西方话语主导的，喜欢问"中国什么时候进行政治改革"这样的问题。我们这次采用了我们制作的电视节目《这就是中国》的风格，先做了一个关于中国崛起和中国模式的讲座，在谈论中国崛起的同时点出西方民主制度的深层次困境，从西方民主发源地希腊的破产，到议会民主发源地英国的脱欧危机，到美国的特朗普上台等，指出西方模式一路走衰的事实。我们给印度面子，没有直接批评印度的政治制度，但我可以感受到他们受到的震撼。果真这一路走来，再没有碰到印度记者质疑中国政治制度，反而是有不少印度人对中国成功的经验表示了强烈的兴趣。

我们在访印期间，正好赶上印度外长苏杰生（S. Jai

Shankar）先生在新德里发表了一个颇为重要的讲话，他提出印度要反思自己的问题。他说，虽然印度与自己的过去相比，这些年成就不小，但与中国相比，差距很大，甚至越来越大。他这番话还是比较实事求是的。但随后他又提出印度要搞"印度优先"的建议，包括印度不应该加入RCEP（区域全面经济伙伴关系协定）等，这显然是不明智的。

我上一次到印度是2008年，也就是此次访问的十年前。应该说在这十年中，印度的发展取得了不小的进步：德里有了新机场，街上的出租车更新了车型，新建筑也比过去多了一些。但总体上还是相当落后，特别是老城大片的棚户区几乎没有改观，拥挤不堪的肮脏街道、暗无天日的窝棚随时映入眼中。

在世界大国中，中印比较还是很有意义的，因为中印两国都是人口大国，起点又比较相近。中国人口有14亿，印度是13亿；新中国成立于1949年，印度独立于1947年；两国都选择过计划经济，并进行过经济体制改革。而且总体上来说，印度在70多年前的起点略高于中国，因为1949年之前，中国经历了持续百年几无中断的战乱，而印度在独立之前则相对稳定，1947年的印巴分治是该国近代史上的最大冲突，造成了数十万人死亡。20世纪40年代末，两国的预期寿命、识字率等指标都比较接近，印度的人均收入还高于中国。但因为两国选择了完全不同的政治制度和发展模式，最后发展的结果大不相同，今天的中国远远领先印度。根据2020年世界银行等机构公布的统计数字看，这种差距可以概括为2、5、10和不可比。

2是中国的粮食产量是印度的2倍，尽管中国的可耕地少于印度；5是中国的贸易总额是印度的5倍多，近6倍，中国的经济规模是印度的5倍，确切地讲是印度的5.4倍；10就是中国的人均预期寿命高于印度近10岁；不可比就是在基础设施、妇女地位、奥运会奖牌人数等许多方面，中国的情况比印度不知好多少倍。

印度从1947年独立以来所走过的路大概可以这样概括：在政治方面，印度实行了西方民主制度；在经济方面，1947—1990年，印度实行的是一种官僚控制的计划经济，一种公平优先于效率的制度安排，但印度始终没有放弃过私营经济，所以印度今天仍然有很多老字号的私营企业，有些已经做得很大。总体看来，在这段时间印度经济增长缓慢，速度徘徊在3%—3.5%。[1]从1991年开始，印度进行了经济改革，鼓励私营企业发展，大力吸引外资，这之后印度经济增长也比较迅速，在软件、信息、服务外包、制药等领域内取得了长足进展，也有不少值得中国学习的地方，但这些产业创造的就业远不如制造业。

当年英国首相丘吉尔不相信在印度这么一个落后的地方能搞西方民主制度，但今天这一制度在印度已经基本稳定下来，不少印度学者说，如果没有现在这种民主制度，印度国家的统一都无法维持。这个制度使不同的民族、宗教、地区、社团等

---

1 例如，可参见 R. Nagaraj, "Growth Rate of India's GDP, 1950−51 to 1987−88: Examination of Alternative Hypotheses", in *Economic and Political Weekly*, Vol.25, No.26, June 30, 1990, pp.1396−1403。

在政治上或多或少都能发出自己的声音，使他们能够实现自己利益的表达，从这个意义上来讲，这是印度政治制度所取得的成功。

但这种成功又是不全面的，其最大的弱点在于印度的政治制度安排虽然让各方表达了自己的利益，却无力有效地整合不同的利益，结果成了无休止的"党争"，影响了印度的经济发展。

具体来说，印度政治体制的问题首先在于，无法真正地解决印度种姓制度带来的阶层落差问题。印度教信奉自然崇拜，相信万物有灵和轮回转世。除了众所周知的四大种姓——这四大种姓还可以进一步细分出成百上千个亚种姓——之外，还有一个庞大的"贱民"阶层。由于种姓制度在印度根深蒂固，无所不在，印度社会至今仍是世界上最不公平的社会之一，人从一出生就被分成了三六九等。

印度民主制度虽然从法律上废除了种姓制度，但在更深的层面，特别是人的意识、信仰和实际生活层面，这种制度及其影响仍根深蒂固，严重束缚了印度社会的现代化进程。种姓制度本身是印度教教义的一部分，而印度民主制度无力推动任何实质性的宗教改革或社会改良，也无力冲破高种姓者对这种改革的阻挠和抵制。更有甚者，随着印度特色民主体制的演变，民粹政治与种姓制度结合的趋势愈演愈烈，这使印度民主的品质进一步恶化。

中国与印度的一个基本差别就是：绝大多数中国人相信通

过自己诚实的奋斗，可以改善自己的命运；而在印度，低种姓者大都不会思考这样的问题，因为这太难了。现代化国家的首要任务就是消除贫困，印度在这方面虽有进步，但总体成绩与中国相差很大，其中一个主要原因就是高种姓的官员对于解决低种姓者面临的疾苦和歧视并不热心。高种姓的人，包括大批的政府官员，从不与低种姓的人握手，怎么能指望他们为低种姓者的利益而努力奋斗呢？低种姓者往往自己认命，认为自己的贫困就是因为祖上积德不够，所以也没有那种推动社会进步所需要的强烈进取意识。

其次，印度的政治体制无力推动妇女的真正解放，无力真正实现男女平等。印度独立已经70多年了，但基本上还是一个父权社会，妇女的地位远远低于男子。在印度你会发现，妇女可以从事的工作种类比中国少很多。虽然在大城市的白领阶层中，女性占有一定的比例，但在绝大多数的旅馆、餐厅、商店、银行里，女职员人数都大大低于男职员，女企业家、女商人更是凤毛麟角。印度农村的情况更为严重。妇女的文盲率远远高于男子，就业率则远远低于男子。依印度传统，妇女出嫁要向男方支付昂贵的嫁妆，虽然甘地一直主张男女平等，但印度从来没有进行过实质性的妇女解放运动，2010年因嫁妆不足而被活活烧死的妇女有 8 391 人。[1]时至今日，包办婚姻、童婚等现象仍然广泛存在。这样低下的妇女地位，严重阻碍了印度

---

1 "Indian Dowry Deaths on the Rise", *The Telegraph*, Feb. 27, 2012.

女性智慧和能力的发挥。虽然印度政坛有英迪拉·甘地（Indira Gandhi）、索尼娅·甘地（Sonia Gandhi）这样的重量级人物，但与巴基斯坦的贝·布托夫人（Benazir Bhutto）一样，这并不是说明这些国家的妇女地位高，而恰恰说明了这些国家的民主质量问题：普通民众仍然对名人的配偶或后代有一种盲目的崇拜。南亚地区的民主制度很大程度上还是一种家族政治。

第三，印度的政治体制无力推动真正的土地改革。印度开国总理尼赫鲁本人当年一度希望推动土地改革，但土地改革所依赖的政治力量国大党代表的是控制印度土地资源的高种姓大地主阶层，这个阶层又左右了国大党庞大的农村票源，尼赫鲁最后也只能妥协，把土地改革这个问题交给了邦一级的政府和议会，而邦议会历来都是大地主阶层的囊中之物。印度各级议员中有很大比例都是地主的代表——南亚不少国家都存在类似的情况——这使得任何真正的土地改革方案在议会那里都很难获得通过。此外，英国人给印度留下的法律体系又包括了私有财产不可侵犯等法律条款，这使土地改革更加难以展开。

正因为如此，印度存在大量的无地农民，约占印度农村人口的一半以上。印度也进行了一些有限的土地改革，如政府把无主土地分给了部分农民，但得到土地的农民，往往由于家庭成员过多，分到的土地面积过小而无力进行规模经营，最后就把土地转卖了。印度农民失地的另一个重要原因是，按照印度的习俗，土地是传给儿子或兄弟的，而男人往往喜欢进城找报酬更高的工作。留在农村的妇女通常无力耕作，最后只能把土地卖了，卖地的收入用来准备出嫁的嫁妆。发展中国家不解决土地改革问题，农民就富裕不起来，更不要说农业能有大的发展。只要随意看一看印度当地的农田和庄稼，就知道印度的田间管理和水利建设水平大大低于中国，印度的粮食产量只有中国的一半也就不足为奇了。

第四，印度的政治体制解决不了腐败问题。西方政治理论一般认为靠西方民主制度可以有效地遏制腐败，但事实上在发展中国家实行西方民主制度，腐败问题并没有得到有效遏制，印度就是一个例子。我的一位印度学生曾对我说："和印度政府部门打交道，很像去印度教庙宇拜神，你要学会做出一整套世界上最复杂的动作，懂得什么时候要跪下、什么时候要趴下、什么时候要躺下、什么时候要念经。申请一个出国护照要经过十来个人，排几天的队。最后大家便都想办法花钱去买通关系，这些都是公开的秘密。"

为什么采用了多党竞争的民主制度，印度的腐败却有增无减呢？原因很简单：民主是可以操纵的，印度民主的质量是相当低的，这也可以说是第五点，即劣质民主问题。在印度，政客用钱直接买票或间接买票（例如收买黑社会，然后控制票源）如家常便饭。孟买贫民窟里的黑社会与政客勾结，一面从事毒品买卖，一面打着非政府组织的招牌呼风唤雨，使贫民窟成为一批腐败政客的稳定票仓。

总之，印度的崛起还面临很多深层次的挑战，特别是上述五大问题：种姓制度、妇女解放、土地改革、腐败问题、劣质民主。如果印度无法有效地解决这些深层次问题，我个人认为印度的发展是不可能赶上中国的，与中国的差距只会越来越大。

我衷心希望印度人民能通过自己的探索，最终找到属于自己的成功之路。

台湾民主出了什么问题？

2016年我曾经在东南卫视做过一个演讲，演讲结尾的时候，我用大陆基础设施飞速发展的例子，比较了两岸采用不同政治制度在制度绩效上所产生的巨大差距。我当时是这样说的，"我第一次去台湾是1996年，当时台湾就决定要建一条地铁，叫'捷运'，从台北市中心到桃源机场，共51公里。但20年过去了，还没有建成。其间换了13个交通主管部门负责人，大都是政治任命，不是干事业的。而过去20年间，大陆修建了世界最大的高速公路网，最大、最好的高铁网，所有能建地铁的城市都在建地铁，上海从零开始已经修建了600余公里[1]的地铁，是世界最长的城市地铁线。"我接着说，"在制度绩效的反差如此巨大的情况下，我们有些人，还是认为台湾这个制度代表中华民族的未来，真是缺少起码的实事求是！"

---

1 据上海市人民政府办公厅网上发布的信息，截至2021年2月17日，上海地铁全网线路总长772公里。网址见 https://baijiahao.baidu.com/s？id=1691883705865875469&wfr=spider&for=pc。

　　我的这段话传到了台湾，一石激起千层浪。台湾的《中国时报》在2016年12月7日发了一篇社论，标题是"台湾民主还有制度优势吗?"，社论引用了我的这段话，然后说：台湾这20多年来的民主化，在部分大陆知识分子看来，"不仅不再是大陆未来需要参考的模式，甚至根本还是负面教材!"文章还说："张维为并不是第一次这样评论台湾，前年'太阳花学运'落幕后，他曾在大陆凤凰卫视《世纪大讲堂》中以'从希望到失望'为题评论台湾的民主。"实际上社论作者可能不知道，我在许多场合还多次讲过，如果没有大陆的帮助，台湾民主将"从希望走向绝望"。大陆经济腾飞，给台湾带来了大量发展机遇，大陆出于同胞之情，愿意与台湾同胞分享这些机遇。

　　这篇社论接着说，从这个节目的高收视率来看，大陆为数不少的精英阶层对台湾的印象，"已经逐渐从昔日'台湾最美的风景是人'的浪漫情怀，转变为了如今一个负面示范。换言之，不少台湾人过往感到相当自豪的民主成就，在两岸互动交流20多年以来，并没有让大陆感到心向往之，反而是避之唯恐不及，而且持这种看法的很多都还是知识分子……我们也得扪心自问：台湾的民主示范，真的值得骄傲吗?没错，台湾经历了3次政党轮替，但却是一次撕裂比一次严重……而自今年所经历的政党再轮替洗礼后的台湾，怕是连想自我感觉良好的机会都没有……"社论的作者最后感叹：当台湾每个不同立场者，每天在街头和媒体PK，社会弥漫着焦虑不安的氛围，也不必再等张维为这样的大陆学者来做负面评论了，台湾的主流民意早就通过民调给台湾民主打了分，不是吗？当台湾作为负面教材成为一种流行的看法，没有人会感到好过，但我们是不是也要做一些理性反思呢？一个没有理性反思能力的制度，还谈什么优势呢？

有意思的是，观察者网把这篇社论刊登出来后，引来了网民的热议，一位住在美国波士顿的华人这样跟帖：桃园捷运1996年规划，据说不久就要试通车，不管怎么样，20来年建成了，51公里造价大约等于260亿人民币，这简直太了不起了。你们看看，在我居住的这个城市，美国的波士顿，有个中心隧道工程，又叫"大挖掘"（Big Dig）工程，才12公里多一点，但45年过去了，还没有建成，1971年规划，1991年开始施工，迄今还在进行之中，已经花掉了150亿美元，也就是1 000亿人民币，几乎比桃源捷运高四倍啊！

其实，采用西方民主模式的一大困境就是：各种利益集团和政客挑起无穷无尽的党争，结果就是牺牲了包括基础设施在内的人民的整体利益。比方说，美国加州想建高铁，从20世纪80年代就开始谋划，但迄今一公里也没有建成，[1]因为加州各个县的议员都说，必须在我这里设一站，否则高铁就不能通过我这个地盘。建高铁可能会损害航空公司的利益、汽车公司的利益、旅馆行业的利益，等等，这些公司都有强大的游说集团，

1　2019年，加州政府宣布，考虑预算超支等因素，原计划全长836公里的加州高铁项目只能缩减至191公里。参见王恺雯：《加州高铁"久无进展"被撤9亿美元拨款，州长：特朗普的政治报复》，观察者网，2019年5月17日。

还可以打各种各样的官司。

我记得当年台湾开始所谓"民主转型"的时候，美国不少政治人物都认为台湾民主能成为照亮大陆的"灯塔"，现在美国这个"灯塔国"自己都失去了方向，更不用说台湾这个"灯塔"了。那么台湾民主究竟出了什么问题呢？这里和大家初步探讨一下。

我们先看一下台湾"民主化"30来年的几个结果。

首先是经济严重滑坡——台湾经济已经从"亚洲四小龙"之首，变成最末。1996年选上来的李登辉搞"戒急用忍"，台湾失去了大陆市场的发展良机。2000年选上来的陈水扁，八年换了六个行政主管部门负责人，搞权术平衡，而不是搞经济建设，连续八年公共投资为负数，经济急剧走衰。2008年选上来的马英九，民调支持率后来甚至低于陈水扁当年的水平，但他有一点做的是对的：承认"九二共识"，一段时间内稳定了两岸关系，加强了与大陆的经济融合。

台湾经济与大陆相比，更是三十年河东，三十年河西。在20世纪80年代末，所谓"民主化"起步的初期，台湾的经济规模大约是大陆的45%。30年过去，台湾今天的经济规模大约只有大陆经济的4%。[1]今天深圳一个市的财政收入就超过整个台湾的财政收入，也就是说我们深圳市市长手中的预算要大于台湾"蔡省长"掌管的预算。台湾多数百姓的实际收入，包括大

---

1 1990年，大陆总的GDP为3 608.58亿美元，台湾为1 645.13亿。到了2019年，大陆总GDP为15.1万亿美元，台湾为6 114.5亿。

学毕业生，近20年没有增长。台湾芯片工程师纷纷跳槽到大陆工作，收入是台湾的三倍多。

第二是政治恶斗加剧。一些人还认为台湾民主至少实现了多次"政党轮替"，这是了不起的成就。其实，每次"轮替"后，就是一个政党对另一个政党的掠夺、清算、报复。例如，蔡英文上台后，不是优先解决经济问题，而是热衷于推动所谓"转型正义"。民进党利用自身在立法机构占多数的优势，通过了"不当党产处理条例"，也就是剥夺国民党的财产，让国民党以后没有足够的资源投入选举。他们还通过了"促进转型正义条例"，其意图就是把民进党描绘为民主的化身，把国民党定位为专制的化身，继续双方你死我活的斗争。在民进党的操作下，搞"台独"就是民主，和大陆发展关系就是"专制"。电视上可以看到很多新闻，拍下了台湾"立法"机构肢体冲突的恶斗。有统计称，2008—2016年的八年间，民进党在立法机构开会时，霸占主席台近百次，肢体冲突，甚至大打出手也频频上演，这种民主怎么能够赢得别人的尊重？

台湾的媒体生态也由此发生了巨大的变化，台湾媒体在"两蒋时代"被叫作"哈巴狗"，现在被叫作"疯狗"，族群矛盾被故意挑起，什么"本省人""外省人""台湾人""中国人"，等等，族群被撕裂，进一步让政府丧失了对社会的整合能力。

第三，腐败有增无减。台湾民主化后，黑社会和资本大规模介入政治，台湾民主制度迅速市场化。陈水扁主政八年期间的贪腐行为令人发指，最后锒铛入狱，然后又被保释出来。亚洲政经风险公司2009年的报告便认为台湾地区的腐败程度相当高，马英九为此痛心疾首。在马英九时期，虽然其本人还算清廉，但手下官员也被爆出了很多贪腐案件。他管不住下面的人，因此他的行政机构在民众中的形象也不好，国民党多位高官接连涉贪，使得台湾民众发出"蓝绿皆贪"的感叹。各种形式的贿选更是屡禁不绝。2019年爆出的丑闻是蔡英文出访的专机上竟有官员走私近万条香烟。

第四，台湾对大陆的文化软实力也全面衰退。我2013年去台湾时发现，大陆的电视剧《甄嬛传》火遍台湾；大陆的娱乐综艺节目《我是歌手》甚至引起岛内百姓的论战；大陆的历史正剧纷纷被台湾抢购、热播，如《武则天》《康熙王朝》《雍正王朝》《汉武大帝》《大宅门》《乔家大院》，等等，收视率在台湾屡创佳绩。台湾民进党政客认为大陆正在给台湾人洗脑。想着二三十年前整个大陆都在听邓丽君、看琼瑶剧，同样让人不得不有"三十年河东，三十年河西"之感。在生活方式上，"淘宝"在台湾粉丝众多，大陆的电商也在改变许多台湾人的生活。

我前面提到，我对台湾民主的研判一直比较悲观，即从希望到失望，如果没有大陆的帮助，将从希望到绝望。实际上我对整个非西方社会采用西方政治模式的前景都是这个研判。台湾民主的下一步估计是更大的失望，但一时还不至于绝望。

为什么说不至于绝望呢？这是因为，第一，台湾在所谓的"民主化"之前，也就是在蒋经国时期，已经初步实现了现代化，中产阶级所占的比重还比较大。如果国民党到台湾后一开始就采用西方民主模式，我想台湾根本就不会有现代化。

第二，中国传统文化在台湾一直没有中断，百姓吃苦耐劳，重视教育、辛勤工作，这意味着只要能够维持最基本的稳定，整个经济就不至于崩溃。

第三，大陆的影响——可以说大陆的经济发展、治理模式、出于同胞情的对台优惠政策等拯救了台湾。经济上，大陆的迅速崛起为台湾经济和台湾同胞提供了大量的机会。政治上，人民民主通过选贤任能机制产生的领导人，比台湾"民粹主义"产生的领导人更为理性和成熟。2008年西方挑起"西藏暴乱"，马英九在民进党的压力下也大声呼吁要抵制北京奥运会，但大陆领导人着眼于两岸人民的长远利益，避免了两岸关系的恶化。如果双方都是民粹主义选出来的领导人，两岸关系恐怕早就陷入剧烈动荡。

那为什么说台湾民主的未来可能是"更大的失望"呢？因为台湾的民主困境主要是台湾深层次的结构性问题造成的：

首先，成熟的民主制度一般聚焦于辩论公共政策问题，而非意识形态争论。而今天从华盛顿到伦敦，大家争论的都是你死我活的意识形态问题，西方国家的治理能力也因此而急剧下降，中国台湾地区问题更突出。成熟的民主制度一定要在涉及民族、国家等最根本的政治问题上有广泛共识，而台湾做不到这一点。当一个社会的主流人群为"爱台"还是"卖台"而争执不下的时候，政客很容易打民粹牌，通过煽动族群对立来获取选票，这个社会很容易陷入剧烈对抗。结果就是族群撕裂，恶斗不断。

第二，台湾的法制没有足够的公信力。比方说，台湾人民不满于法务机构对两颗子弹带来的陈水扁当选的裁定，"红衫军"百万人走上街头抗争，这反映了人民对在现有司法体制内和民主体制内解决问题持怀疑态度。台湾的司法系统、监察系统还没有建立起一种超越党派政治分歧的公信力。

第三，台湾选举制度设计的问题。台湾地区领导人选举是第一轮简单多数就决定结果，2000年选举期间，国民党内讧，结果陈水扁以不到40%的选票就当选了。如果像法国那样，候选人第一轮得票低于50%的话，需进行第二轮投票，结果可能会完全不一样。但与选举相关的法条修改起来很难。陷入法制僵化的困境是西方模式普遍存在的问题，美国要改革，但许多改革首先需要修宪，在党派高度对立的情况下，这几乎是不可能的，所以改革也就无从谈起。

第四，公民文化严重不足。"公民文化"本来是一种特定的习俗与态度，特点是尊重你的对手，尊重少数。换言之，台湾仅仅实现了选举民主，但公民文化仍然严重缺位，弥漫了一种学术界称为"非自由的民主"（illiberal democracy）的气氛。"台湾人""爱台湾"成为一种民粹符号，政治对手的一切主张都可以被妖魔化。"抹黑""抹红""抹黄"的手段，把人性中很多黑暗的东西调动出来。2014年春天，台湾发生部分团体和学生蔑视法治的"太阳花运动"，占领立法机构，冲击行政主管部门，抗议总体上对台湾经济非常有利的"海峡两岸服务贸易协议"。这一乱象的背后是台湾政党恶斗，公民文化又不足以抗御政党将大量问题政治化，从而导致理性判断丧失。

第五，美国和美国模式的过度影响。在台湾，美国势力的渗透无处不在，这影响了台湾的自主政治探索。美国模式本身已危机重重，效尤之下的台湾地区陷入危机是必然的。

从台湾民主发展的教训中我们可以引出几点思考：

第一，我们一定要突破西方主导的话语范式，即认为世界上只有民主与专制两种制度。这种范式是不能成立的，如果一定要用二分法来看世界上的制度，那世界上只有良政和劣政之分。这个分析框架是我多年来一直强调的，我认为它更为实事求是，我想它最终会成为世界政治话语中的一个主流判断。

第二，在"两蒋"时期，台湾的中国传统文化和历史教育毕竟还没有中断，但是现在，在"台独"势力的操纵下，中国传统文化的传承日趋中断。台湾民间社会曾在相当长时间内是一个讲求温、良、恭、俭、让的社会，但现在越来越分裂，让人觉得十分可惜。我想，如果中国台湾地区当初没有照搬美国民主模式，而是按照中国传统文化的逻辑发展下去，同时吸收西方制度的合理元素，也许可以发展出一种高质量的协商式民主，而不是重演美国的对抗式民主；发展出一种民生导向的民主，而不是把一切问题都政治化的民主。

第三，以台湾地区作为参照，可以看到人民民主的前途非常光明。

40多年前，大陆经济才刚开始起飞，台湾方面已经先走了一步；但今天，大陆与台湾的实力对比发生了翻天覆地的变化。人民民主的一个特点是可以在广泛的协商后制定和执行具有可行性又符合自己长远利益的政策，而且能够"一届接着一届干"。一系列五年规划的顺利制定和执行奠定了大陆崛起的基础。而台湾"民主化"之后，就丧失了中长期规划发展的能力。更遑论在选贤任能机制下选出的领导人和台湾在"一人一票"民粹化机制下选出的领导人，在治理能力上的巨大差异了。

两岸实力的此长彼消已不可逆转。我在谈香港"修例风波"时曾说过，如果香港人不思改革其制度，香港就会沉沦下去，将给香港人民的利益造成极大的伤害，我们非常不愿意看到这种情景。我不排除这样的香港会成为内地人民关于道路自信和制度自信的教育基地，而台湾事实上已经成为这样一个教育基地。

总之，今天的台湾迫切需要政治改革，我们希望台湾推动实质性的政治改革，希望两岸人民越走越近，实现两岸共同繁荣，最终实现祖国和平统一。我相信这是不可逆转的历史大势。

"民主输出"为什么会变成灾难输出？

美国有个坏习惯，喜欢在世界各地搞所谓的"民主输出"，弄得整个世界鸡犬不得安宁。每当西方媒体问及我对美国"民主输出"的看法时，我一般会这样答复："美国已经把伊拉克搞乱了，把阿富汗搞乱了，把叙利亚搞乱了，把利比亚搞乱了，现在还想把中国的新疆和香港搞乱，这是绝对不能允许的！"长期以来，美国一直把自己的意志强加于人，搞软硬兼施的霸凌主义，向外输出美式民主，推动全球范围内美国利益的最大化，结果是多少百姓流离失所，国家生灵涂炭。美国输出的哪里是民主，这样的输出带来的更多是动荡和灾难。

可以说，冷战结束以来美国历任总统的对外战略之中都有所谓"民主输出"战略，但我们也要看到，在不同的时期，美国的"民主输出"战略也有不同的特点。

老布什政府时期（1988—1992年）。美国从苏共领导人戈尔巴乔夫和他提出的"新思维"中，看到了输出美式民主、和平演变苏联乃至整个苏联阵营的可能性，老布什提出了"超越遏制战略"，也就是说，他要超越美国政府对苏联全面遏制的老战略，主张同苏联发展积极合作关系，促使苏联接受美式民主、自由、人权的意识形态。为此，美国加大了对苏联政治、经济、社会等各个领域的渗透，大力培养亲美势力，积极为苏联的政治改革和经济改革出谋划策。这一切成功忽悠了苏联的知识精英和政治精英，从大学教授到媒体编辑到党的总书记，结果是苏联解体，苏联人民积累的财富被美国等西方国家洗劫一空。今天俄罗斯与美国的对立，很大程度上也是对美国当年所作所为的一种持续反击。

克林顿政府时期（1993—2000年）。随着苏联解体东欧崩溃，美国以冷战胜利者自居，克林顿上台后便推出了"参与和扩展战略"，扩大"民主输出"的效果。他提出把促进民主、经济安全和军事安全作为美国外交政策的三大支柱。克林顿公开支持俄罗斯总统叶利钦炮轰俄罗斯议会反对派。1999年以美国为首的北约军队发动了科索沃战争。根据美国克林顿总统图书馆公布的资料，在1996年俄罗斯总统竞选中，叶利钦希望得到美方的支持。俄罗斯当时国内腐败严重，经济状况恶化，叶利钦的支持率持续下降，而俄罗斯共产党候选人久加诺夫的呼声很高。叶利钦对克林顿说，如果共产党上台，俄罗斯会爆发内战，共产党会卷土重来。克林顿后来向叶利钦提供了资金和竞选专家，帮助叶利钦赢得了大选。

小布什政府时期（2001—2008年）。小布什上台后，在"民主输出"方面更加雄心勃勃，霸凌主义手段无所不用其极，他明确提出在特定条件下美国可以"先发制人"。2001年"9·11"事件后，小布什声称只有通过对中东地区进行民主改造，才能根本性地解决恐怖主义问题，他以反对恐怖主义和推动"中东民主改造进程"为名，先后发动了阿富汗战争和伊拉克战争。这两场不明智的战争给这些国家的人民带来了深重灾难，同时也重创了美国的软硬实力。

奥巴马政府时期（2009—2016年）。2008年金融危机的爆发和小布什发动的两场战争使美国付出了沉重代价，奥巴马政府不得不有所收敛。奥巴马调整了美国"民主输出"政策，不再像小布什那样一意孤行和锋芒毕露，而是更注重利用"软实力"和"锐实力"（sharp power）。美国此时更注意巩固与盟国的关系，更多地采用非暴力的霸凌主义方式推广美国的自由民主理念和制度，美国在全球的"民主投入"显著提升。这期间最突出的事件就是推动"阿拉伯之春"，当然不久它就演变成了"阿拉伯之冬"。

特朗普政府时期（2017—2020年）。特朗普竞选时坦率承认，美国"民主输出"的代价过于沉重，美国在伊拉克、埃及、利比亚及叙利亚的路线都犯了错误，增加了美国的负担。他把重点转向对中国发动贸易战、科技战、金融战等，全面遏制中国崛起。以美国对华贸易战为例，表面上看，针对的是中美贸易出现的逆差问题，实际上却把矛头指向中国国有企业和产业政策等，与改变中国政治制度的目的联系在一起。此外，特朗普核心团队成员，在"民主输出"方面比过去有过之而无不及，特别是他的国务卿蓬佩奥，歇斯底里地发表"反共""反华"言论，希望发起针对中国的意识形态"新冷战"。

自2021年拜登主政以来，拜登公开呼吁重建被特朗普破坏的所谓"民主国家的联盟体系"，大力推行"价值观外交"和"民主输出"。美国国会的《2021年战略竞争法案》（*Strategic Competiton Act of 2021*）提出支持"搞乱"中国的资助计划，2022—2026年每个财政年额外增加3亿美元，用于采取各种措施打击"中国的全球影响力"。

美国在世界范围内大搞"民主输出"，至少有三个目标：一是扶持亲美政权，确保美国在世界各地的经济利益和政治利益；

二是力求占据道德制高点，以"民主世界"的领袖来统领全球，巩固其在全球的霸权地位；三是防范可能威胁美国霸权地位的大国崛起，特别是中国和俄罗斯。美国"民主输出"的目标国也主要锁定在以下三类：一是资源丰富的国家，如伊拉克、利比亚等；二是地缘意义上的关键国家，如阿富汗、乌克兰、叙利亚等；三是它认为可能挑战其霸权地位的大国，如中国和俄罗斯。

美国"民主输出"的手段可谓多种多样，包括政治施压、军事打击、非政府组织渗透、经济引诱或制裁、国际舆论战和思想文化渗透等，其特点是丝毫不顾忌国际关系准则的霸凌主义，粗暴干涉他国内政。

在政治施压方面，美国长期以"民主灯塔""人权法官"自居，每年发布一份体现美国政治意志的所谓"人权白皮书"，对世界各国的人权状况评头论足，公开采用双重标准，对自己及其盟国一个标准，对他国又是一个标准，把自己的意志强加于人。

在军事打击方面，美国以防止大规模杀伤性武器扩散和推动中东民主化为由，直接发动了伊拉克战争，以人道主义干预为借口发动了对南联盟的空袭，还在军事上介入了一些发生"阿拉伯之春"革命的国家，包括直接出兵叙利亚和空袭利比亚等。

在非政府组织渗透方面，美国通过非政府组织培养和支持目标国的反对派或潜在的反对派。美国的国家民主基金会

（NED）、国际选举制度基金会（IFES）、国际共和学会（IRI）等，都是专门受命从事"民主输出"的所谓"非政府组织"。

在经济引诱或制裁方面，美国通常先给目标国一些经济、技术援助，贸易最惠国待遇等，以此扩大经济交往，在这个过程中，美国有意识地培植这些国家内部的亲美势力，力求完成对这些国家经济和政治命脉的控制。同时，美国也广泛使用经济和其他制裁手段惩罚不听话的国家，遏制它们的发展。

在国际舆论方面，美国有意识地主导国际舆论对目标国进行妖魔化，同时利用传统媒体和包括脸书、推特等在内的社交媒体，频繁制造舆情和动乱，在"阿拉伯之春"等"颜色革命"中，西方主流媒体和社交媒体都发挥了推波助澜乃至主导的作用。

在思想和文化渗透方面，美国大肆传播美式自由、民主、人权和西方文化优越的神话，在目标国家培养大批以美国为马首是瞻的知识精英和政治精英。

美国"民主输出"的背后有不少所谓的"理论"，特别是"民主和平论""新干涉主义论"和"历史终结论"等，这使人想起了鲁迅先生在《夏三虫》中所说："跳蚤的来吮血，虽然可恶，而一声不响地就是一口，何等直截爽快。蚊子便不然了，一针叮进皮肤，自然还可以算得有点彻底的，但当未叮之前，要哼哼地发一篇大议论，却使人觉得讨厌。"这些所谓的"理论"本质上都支持"民主输出"。对于不接受美式民主的国家，美国就给他们扣上"专制""独裁""邪恶""侵犯人权"的帽子，通过各种手段制造动乱直至颠覆其政权。美国的这些霸凌主义行径给许多国家和地区带来了动乱和灾难，严重破坏了世界和平与发展。

"民主和平论"认为，民主国家间不易爆发冲突和战争，民主化程度越高，就越趋向于和平。美国学者迈克尔·多伊尔（Michael Doyle）是这种"理论"的代表人物。1983年他在"康德、自由主义的遗产和外交"（Kant, Liberal Legacies and Foreign Affairs）一文中提出"民主意味着和平"，他认为民主国家产生法治、稳定的政治和社会秩序，保障个人权利，奉行负责任的外交政策。他明确提出了民主国家之间不会（或者说极少）打仗的观点。

"民主和平论"自然衍生出了美国的"新干涉主义论"：既然民主国家之间不打仗，那么民主就有天然的正义性和普适性，美国可以据此干涉它认为是"非民主国家"的内政，强迫这些国家采用美式民主制度。"新干涉主义论"主要有两大论述：一是"人权高于主权论""人权无国界"等；二是捍卫所谓民主、人权和自由的"普世价值"。美国可以以"民主输出"和捍卫"普世价值"为名，或者以打击恐怖主义、人道主义保护、消除大规模杀伤性武器等为借口，公开干涉他国内政，甚至通过战争等霸凌主义行径实现政权更迭。

"历史终结论"也是美国"民主输出"的一个主要依据。1989年，美籍日裔学者福山在美国《国家利益》杂志上发表了"历史的终结？"一文，三年后他基于这篇文章的专著《历史的终结及最后之人》（*The End of History and the Last Man*）出版。这三年里苏联解体，东欧崩溃，冷战结束，美国成为唯一的超级大国。这一切似乎印证了福山对西方民主制度的乐观预测。"历史将终结于西方自由民主模式"的观点，至此在西方被普遍默认乃至公开接受。福山认为，尽管可能还会经历波折，但自由民主在意识形态领域已经没有对手。这种意识形态的傲慢无疑进一步增强了美国的盲目自信，美国更加认为自己推动的"民主输出"是站在历史正确的一边。

然而，伦敦国王学院国际法教授瑞纳·穆勒森（Rein Müllerson）在其著作《政权更迭：从民主和平论到强制政权变革》（*Regime Change: from Democratic Peace Theories to Forcible Regime Change*）中指出：所谓"民主和平论"，即民主国家之间不会发生战争，根本无法自圆其说，因为这个理论所界定的民主国家只限于战后的所谓"成熟民主国家"，如果把民主制度放到更大的历史背景下，放到从希腊雅典城邦一直到第二次世界大战的漫长历史中来检验，那么民主国家之间的战争非常之多。此外，这种理论已经成了西方对非西方国家推行"颜色革命"甚至发动战争的借口，导致了西方国家的政治傲慢和战争倾向，这个理论支撑了小布什发动的伊拉克战争。穆勒森以北约对利比亚的军事干预为例指出：那些说不出利比亚四个城市名字的人却可以说出攻打利比亚的四个理由，正是这种傲慢导致了美国今天在阿富汗和伊拉克的困境。至于所谓"人权高于主权"的"新干涉主义论"，他认为关键是谁来界定"人权"和"普世价值"，从现在已经发生的这一类干预来看，他认为几乎都是灾难性的。

美国宾夕法尼亚大学教授爱德华·曼斯菲尔德（Edward D. Mansfield）和哥伦比亚大学教授杰克·施奈德（Jack Snyder）在他们的专著《选举到厮杀：为什么新兴民主国家走向战争》（*Electing to Fight: Why Emerging Democracies Go to War*）中也指出：走向西方民主模式的这个过程最容易引起内部冲突或外部战争，因为政客们只要打"民粹主义"牌就容易得到选票。整个20世纪90年代里，许多国家举行自由选举后，便立即进入战争状态：亚美尼亚和阿塞拜疆开打，厄瓜多尔和秘鲁开打，埃塞俄比亚和厄立特里亚开打，还有布隆迪—卢旺达的大屠杀，导致100多万人丧生，当然还有南斯拉夫的分裂和战争，它造成了20多万人死亡，成为第二次世界大战后欧洲死亡人数最多的战争。多少罪恶都是以推动民主的名义犯下的！

尽管美国"民主输出"的"理论"十分荒谬，但在美国软硬兼施的强势推动下，美国的民主话语，特别在20世纪八九十年代，还是忽悠了很多人。在社会主义国家的领导人中，被西方话语彻底忽悠的最著名人物当数苏共领导人戈尔巴乔夫，他犯下了"颠覆性错误"：经济崩溃，财政破产，国家解体。1991年12月25日，苏联寿终正寝，苏联人民70年积累的资产被美国等西方国家洗劫一空，这可能是人类近代历史上最大的一次财富浩劫和转移，对于多数俄罗斯人来说，这个教训直至今日还是刻骨铭心的。俄罗斯人称之为"第三次浩劫"（"第一次浩

劫"指的是14世纪蒙古人入侵，"第二次浩劫"指的是第二次
世界大战时德国法西斯的入侵）。

2003年，小布什政府绕过联合国发动了伊拉克战争，先是
以消除大规模杀伤性武器为由，后又提出"大中东民主计划"，
要把伊拉克改造成中东地区的民主样板。2013年11月《纽约
时报》专栏作家托马斯·弗里德曼（Thomas L. Friedman）撰
文称："伊拉克战争是自马歇尔计划以来，美国最重要的一个
推广美国民主、自由、革命的计划，是美国在国外尝试进行的
最宏伟的事情之一。"但这场非法的战争造成了至少10万平民
的死亡。根据美国布朗大学沃森国际和公共事务研究所（The
Watson Institute for International and Public Affairs）的"战争成
本"项目2020年发布的报告，自2003年3月伊拉克战争爆发至
2007年，这场战争已导致约470万人流离失所。[1]伊拉克的国家
社保体系、公共卫生体系、国家教育体系在阿拉伯世界本来都
处于领先地位，但现在几乎被美国的"民主输出"及其引发的
战火摧毁殆尽。

自2004年开始的"橙色革命"以来，乌克兰国无宁日，内
斗不断，你方唱罢我登场，领导人无休止地更换，国家经济濒
临崩溃。2013年11月21日至2014年2月22日，乌克兰又爆发
了亲西方的大规模示威游行，示威不久升级为大规模警民冲
突。美国参议员约翰·麦凯恩和克里斯托弗·墨菲（Christopher

1　数据可在沃森研究所项目网站查看，http://watson.brown.edu/research/projects/cost.
of.war。

Murphy）不远万里飞临基辅。在独立广场的舞台上，声嘶力竭地对台下的观众说，我们来支持乌克兰人的民主事业。虽然这场"革命"把亲俄的总统赶下台，换上了亲西方的领导人，但乌克兰却并未因此而走上康庄大道。按照2018年人均GDP计算，这个苏联最富裕的共和国之一，已经沦为全欧洲最穷的国家。乌克兰经济学家瓦列里·戈耶茨估计，现在乌克兰在境外打工的人数大约占到全国人口的五分之一——800万人左右，以青壮年为主。[1]

20世纪40年代末，美国遏制苏联的设计师乔治·弗罗斯特·凯南（George Frost Kennan）反复强调，美国在与苏联的长期竞争中能否获胜，取决于"美国能否给世界人民这样一种印象"，即美国"有能力处理好本国的内部问题"并"拥有巨大的精神力量"。[2]但时至21世纪，美国国内治理能力一路走衰，各种社会矛盾日趋严重，2008年金融危机重创美国，2020年的新冠肺炎疫情更是把美国打回原形。

一个制度弊病丛生的国家，却硬是要把自己的制度强加于人，别人怎么会接受呢？美国今天的制度危机至少表现在四个方面：领导失能、政府失效、市场失灵、社会失衡。

"领导失能"就是美国领导人没有发挥一个领导人应该发挥的作用，政治被资本力量钳制，无法将人民的疾苦和诉求放在

---

1 《乌克兰颜色革命｜美梦成噩梦 拥抱西方遭弃沦全欧最穷国》，《大公报》，2019年8月28日。

2 Kishore Mahbubani, "Why the Trump Administration Has Helped China", in *The National Interest*, Jun. 8, 2000.

首位，切实提高人民的生活水平；也无法在民意舆论中看到民心，真正服务于民众的长远利益。美国今天的民主制度，随着政治极化的发展，越来越容易把民粹人物和极端分子推上政治舞台。

"政府失效"就是作为前工业革命时期的产物，美国的民主制度到现在还无法厘清遇到突发性危机时，联邦政府和地方政府如何有效地合作应对。

"市场失灵"就是美国是高度私有化和市场化的国家，大部分医院和与民生紧密相关的公共服务都是私立的。以医疗为例，疫情前近三千万老百姓是没有任何医保的，上千万非法移民更是没有医保的，数千万人医保保得很少，[1]住一次医院就可以使许多人破产，这种状况怎么应对得了像新冠疫情这样的突发社会危机。

"社会失衡"主要指贫富差异和族裔矛盾所引发的重大危机。种族歧视、贫富差距、警察暴力三大问题在美国环环相扣，美国政治制度下，这些问题上百年都解决不了，现在也看不到解决的希望。

在一个更深的层次上，正如我们在前文讲到的，西方民主存在四大基因缺陷，这些缺陷在美国民主模式中也是难以修补的：

---

1 董登新：《为何中国实现医保全覆盖，美国却只有16.3%的人享受医保》，《第一财经》，2017年9月4日。文中具体数据为2 700万人没有任何医保，8 000万人是通过州政府对穷人的医疗救助（Medicaid）及孩子健康保险计划（CHIP）的资格而获得医疗保障。

首先，理性人假设，即人可以通过理性的思考投出庄严的一票。但社会学和政治学研究都表明这种假设是靠不住的。美国选举面对着金钱的卷入、新社交媒体的出现和人工智能大数据的应用，人的理性选择更为困难，这使民粹主义成为常态。

第二，权利绝对化。在新冠肺炎疫情中我们看到，美国很多人只讲自由权利，不讲义务，特朗普总统带头不戴口罩，称这是他的自由。同样，党派斗争日益极化，政府正常运作都受到阻碍，结果是灾难性的，难怪哈佛大学肯尼迪政府学院资深教授史蒂芬·沃尔特（Stephen M. Walt）2020年3月在美国《外交政策》杂志上发文感叹"美国（国家）能力的死去"。[1]

第三，程序决定一切。只要程序正确，什么都是对的。美国控枪问题怎么也解决不了，控枪就要修宪，而美国宪法修正案需要参众两院各三分之二的议员通过，还要四分之三的州议院批准才可能成立。这在政党恶斗、被游说集团主导的美国政治中几乎无法完成。僵化的程序政治使美国几乎无法推动任何实质性的改革。

第四，资本力量独大。2010年美国联邦最高法院裁决：对公司和团体支持竞选的捐款不设上限。《华盛顿邮报》专栏作家哈罗德·迈耶森（Harold Meyerson）惊呼："这个裁决似乎证实了中国人对美国民主的批评，即美国民主是富人的游戏。"2012年，美国联邦最高法院又裁决个人竞选捐款也不设上限，美国

---

1 Stephen M. Walt, "The Death of American Competence", in *Foreign Policy*, Mar. 23, 2020.

民主就真成了"钱主"，而不是"民主"。

　　当然，资本力量独大也意味着不管谁上台执政，美国的"民主输出"战略还会继续，因为华尔街资本和军工资本等，唯恐天下不乱，他们就是希望从他国的动乱中趁火打劫：要么把别人的财富洗劫一空，要么大发战争财和动乱财。当然美国民主制度的这些基因缺陷也决定了美国民主本身和美国推动的"民主输出"都将继续一路走衰，直至彻底失败。

　　中国发展成功的一条重要经验就是一定要准确地把握自己所处的时代大潮，然后顺势而为。我们时代的大潮是：人民要和平，要发展，要团结，这一切都指向人类命运共同体，但美国长期以来信奉"老子天下第一"，现在美国政府中的右翼势力还要逆历史潮流而动，继续搞"民主输出"，拼凑反华、反共的所谓"民主国家联盟"，这种时空错乱的霸凌主义行径必将以彻底失败而告终。

民主：美国的制度危机

"美国之春"与制度危机

我们在前文讲到，2010年12月，突尼斯的一位小贩自焚引发了后来被称为"阿拉伯之春"的政治运动。那位小贩名叫穆罕默德·布瓦吉吉（Mohamed Bouazizi），他遭受了当地警察的粗暴对待，抗议自焚，结果不治身亡，引发社会骚乱。在美国等西方势力的煽动下，这场骚乱迅速蔓延到埃及、利比亚、也门、叙利亚、阿尔及利亚、叙利亚等十来个阿拉伯国家。当时整个西方世界都欢呼伟大的西方民主模式降临到了阿拉伯世界。

"颜色革命"，是美国人的发明创造。目标就是通过大规模的民众社会运动，颠覆他国政权，改变他国"颜色"。然而，估计美国人没有想到的是，以大规模抗议冲击现有政权这个美国独创的革命形式，竟然也在美国发生了。2020年5月25日，美国明尼苏达州一位非裔男子乔治·弗洛伊德（George Floyd），被警察锁喉近九分钟致死，引起全美大规模抗议示威。人们抗议警察暴力执法和种族主义，对美国政府、美国政治司法和社会管理体系表达了强烈不满。示威者甚至包围了白宫，时任总统特朗普不得不两次躲入白宫的地下掩体——我1985年随时任国务院副总理李鹏访问美国时，曾经到访过白宫的椭圆形办公室和白宫会议室，那是在二楼——在安全人员的簇拥下，从二楼到地下室，可以想象特朗普当时一定相当狼狈。特朗普将抗议者称为"暴徒"，准备动用军队镇压，遭到了多位军方人士的反对。

　　这个被称为"黑人的命也是命"（Black Lives Matter）的运动，迅速蔓延到英国、法国、澳大利亚等其他西方国家。从抗议者的要求来看，人们除了表达对种族主义和警察部门的强烈不满之外，主要的口号是"公平正义"，"没有正义就没有和平"，显然是在要求政府从体制上解决种族主义、警察暴力执法和"白人至上"等问题。2020年6月3日，美国前总统奥巴马也发表公开讲话。他说，抗议活动证明，广泛的、多种族的社会各界已经"觉醒"，认识到社会的不公正。他表示，该事件反映的是美国的结构性问题，是历史悠久的奴隶制、种族隔离法、种族歧视和制度化种族主义所产生的恶果。

　　顺便说一句，新冠疫情暴发后，中国人对美国领导人"甩锅"的习性已经颇为熟悉，网友干脆替他们写好了台词，其中一个版本是这样的：如果美国普及了移动支付，黑人弗洛伊德就不会用20美元纸币假钞去买东西；如果他不拿这个20美元假钞去买东西，店员就不会报警；如果店员不报警，警察就不会抓他；如果警察不抓他，他就不会被白人警察"锁喉"杀害；如果他没有被杀，那么美国就不会发生这次骚乱。结论：落后的移动支付把美国害惨了啊！那么问题又来了，美国为什么不能够普及移动支付呢？因为手机信号不好，很多地方都没有网络。为什么信号不好？因为基站设置得太少。为什么基站那么少？因为太贵了，老百姓付不起。为什么那么贵呢？因为不用中国华为的产品和服务。所以这次危机的根源是美国制裁华为。不得不佩服网友在幽默背后的洞察力。

美国的网友称这场运动为"美国之春"，他们纷纷提起了十年前的"阿拉伯之春"。我们也许可以这样说，"阿拉伯之春"变成"阿拉伯之冬"说明了西方民主模式在阿拉伯世界的失败，那么"美国之春"以如此大的规模爆发则标志着美国民主模式在本国走向衰败。它反映出来的美国的深层次制度问题，对于我们加深了解美国今天的制度困境及其未来走向很有益处。

现在让我们聚焦一下这次骚乱暴露出来的美国制度问题。首先是长期存在的种族歧视。对此，我们可以从以下几个方面看：经济上，2020年，美国黑人的失业率曾一度为白人失业率的近2倍，根据2019年美国人口普查数据，黑人的贫困率是白人的近3倍，黑人家庭收入不足白人家庭的60%。社会上，黑人聚居社区在公共设施和公共服务质量方面明显低于主流族群社区。司法上，在日常警务活动中，警方大都先入为主地将黑人男子预设为罪犯。如果你有可以说真话的美国白人朋友，他会私下告诉你，如果你在街上碰到黑人男性，你要预设他就是罪犯；如果你有美国黑人朋友，他会告诉你，他母亲从小就告诉他，碰到警察，一定要服从，警察随时可能向黑人扣动扳机。美国总体上是一个很粗糙的社会，英文叫rough，不适合神经脆弱的人，也不适合只知道岁月静好的人。我们一些移民中介把美国吹得天花乱坠，但这次新冠肺炎疫情中美国的疫情灾难和种族歧视的悲剧使我们看清楚了美国的"人权优势"。

第二是惊人的贫富差距。《福布斯》（*Forbes*）网站2019年5月29日报道，美联储的报告显示，1989—2018年的20年间，美国最富有1%的家庭占有家庭财富总额的比例从23%上升至32%，而最底层50%的家庭财富净增长基本为零。2017年5月19日美联储发布了《2016年美国家庭经济状况报告》（*Report on the Economic Well-Being of U.S. Households in 2016*），这份报告显示，44%的美国人拿不出400美元（约合人民币2 700元）的紧急支出。美国还是唯一没有实行全民医疗保险的西方国家，截至2018年末，2 750万美国公民没有医疗保险（既无基本医疗保险，也无商业健康保险），[1]此外至少还有1 500万没有医保的非法移民，还要加上数千万医保不足的群体和数千万因为失业而失去医保的群体。美国《世界日报》（*World Journal*）报道民调机构盖洛普公布的调查显示：在疫情暴发前的2019年，就有19.8%的美国人，也就是约6 500万人[2]生病后选择放弃治疗。如此漏洞百出的医疗体系在新冠疫情面前自然不堪一击。美国约翰斯·霍普金斯大学等高校和科研机构在2020年5月初发布的一项调查数据显示，非洲裔占到了全美新冠肺炎确诊病例的52%和死亡病例的58%。而人口统计显示非洲裔人口仅占美国人口的13.4%。这次骚乱中的两句口号，一句是"我无法呼吸了"，另一句是"黑人的命也是命"，应该说真实地

---

1 美国商务部和人口普查局报告显示，2018年末，美国总人口3.27亿，基本医疗保险覆盖5 772万人，占人口的17.8%，82.2%的美国人未被基本医疗覆盖，其中55.1%购买团体健康险，10.8%购买商业健康险，17.9%有医疗救助，约2 750万美国人，无任何健康险。

2 据 "Resident population of the United States by sex and age as of July 1, 2019"（网址：https://www.statista.com/statistics/241488/population-of-the-us-by-sex-and-age/），美国2019年人口总数的估计值为3.282亿。

反映了许多美国人的生活状态。

第三是泛滥的警察暴力执法。在美国，警察滥用武力，特别是对黑人族裔滥用暴力的现象司空见惯。根据有关统计，美国百万人中死于警察暴力执法的黑人数是白人数的2.5倍，如果只看青少年数据，则是21倍。[1]《纽约时报》评论也说，对非洲裔美国人来说，哪怕是最微不足道的事情，拨打报警电话可能就意味着死刑。其中一个主要原因是，在20世纪60年代民权运动的时候，为了震慑非洲裔民权运动示威者，当时美国迈阿密的警察局喊出了"抢劫开始，枪击就开始"（When the looting starts, the shooting starts）的口号，这次特朗普总统也在第一时间通过推特发出了这个口号。[2] 1967年，美国最高法院还做出裁决，警察"出于善意和可能的理由"不应对执法承担法律责任。这样的规定就意味着，原告指责警察在执法中侵权的诉讼几乎不可能获胜，几乎所有诉讼结果都是有利于警察的。这次遇害的弗洛伊德的一位朋友说："如果不是路人拍摄了视频，那么真相就会被彻底隐瞒。警方一定会说，是这个狂躁不安的非洲裔男子一直在踢打、反抗，而我们是在合法使用武力。"这就是美国所谓法治的真实状况。

不得不提一下的是，在这次骚乱中，警察使用暴力的对象还包括新闻媒体人。据英国《卫报》的一项分析，在美国报道

1　见中国新闻网转美国《世界日报》的报道，"研究：美执法暴力 黑人男性被害几率是白人男性逾两倍"，2020年8月7日。

2　"Trump's Remark About Shooting Looters Dates Back to 1960s", in *New York Times*, May 29, 2020.

弗洛伊德抗议活动的媒体记者中，从2020年5月26日至6月2日的一周时间内，就有148名记者被捕或受到攻击，其中一位叫琳达·蒂拉多（Linda Tirado）的女记者在明尼阿波利斯报道抗议活动时被一发子弹击中眼睛，左眼永久失明。[1]这使我想起了2019年香港"修例风波"中，香港警察远比美国警察克制，但香港本地媒体也好，西方主流媒体也好，都围着警察拍照，美国国务院也谴责所谓"香港警察暴力"，还有什么比美国政府和西方媒体的这种言行更为双标的吗？

那么"美国之春"能否给美国带来实质性的改革和变化呢？我本人并不乐观，因为美国的困境在于，上述三大问题从社会结构来看是交叉在一起的，从而形成了一种恶性循环，背后是资本主导一切的资本主义社会和民主模式。我明确把美国政治制度定性为一种落后的政治制度，它的制度安排很大程度上形成于前工业革命时期的农业社会，无论是联邦政府与州政府的关系，州与州之间的关系，还是社会分配制度、贫困救济制度、社会治安制度，等等，都远远落后于21世纪现代社会的需求。这种落后的制度安排导致了前文提到的三个问题：种族歧视、贫富差距、警察暴力执法。它们之间环环相扣，形成了一种无法摆脱的恶性循环。

美国整个国家的制度安排，在财富分配上，第一次分配不到位，第二次分配不合理，贫富差距巨大，穷人太多，贫困

---

1 "'I'm Getting Shot': Attacks on Journalists Surge in US Protests", in *The Guardian*, Jun. 5, 2020.

又与族裔联系在一起，黑人干的往往是收入最低的活，富人赚得盆满钵满，穷人生活日益窘迫。贫困又意味着无法接受良好的教育。这不是因为美国缺乏教育资源，而是资本力量主导的社会制度，决定了美国教育资源的分配不是按照人民的利益进行合理分配，更没有"分数面前，人人平等"的中国标准，而是按照资本的需求进行分配。越是富裕的人，越是住在富人社区，那里的教育资源更加丰富，警力配备更加到位；反之，越是贫穷的人聚居的地方，越是黑人聚居的地方，越没有教育资源，人们也越没有安全感。黑人越是受不到好的教育，就越找不到好的工作，没有好的工作就处在社会最底层，生存环境极端粗糙，犯罪率奇高，而且多是直接与暴力相关的犯罪，如抢劫、强奸等，这样的犯罪又更容易吸引大众的目光。美国的警察力量本质上是维护富人的力量，如果弗洛伊德是个有钱人，同样犯了案，他可以对警察说，"你给我开罚单吧，我付得起"，那么跪压致死的暴力执法就很可能不会发生。

美国种族歧视的内核是阶级歧视，只要社会中存在阶级差别，这种局面就不会得到根本扭转。中国特色社会主义制度的人民民主则会从根本上解决问题，标本兼治。如在经济相对落后地区，我们一定是先做基础设施建设，通路、通电，提高当地人民的教育水平和劳动力素质，派扶贫干部驻村帮助，直至这个地区真正脱贫。在美国这是不会发生的，一些教会和非政府组织偶尔会做些改善穷人生活的善事，但杯水车薪，尤其是没有国家机制的保障，起不了多少作用。那么美国采用了一些什么方法来兼及弱势群体的社会公平呢？美国对黑人等少数族裔有一些有限的补偿，比如教育考试的时候给黑人学生加分等。但这是一种身份政治，结果又造成了其他族裔的仇恨，这种身份政治使美国社会越来越撕裂，掩盖了美国阶级歧视的内核，某种意义上这也是资本力量转移阶级矛盾的主要方法。

美国资本力量的另一个做法就是让警察不断军事化，警察的装备越来越像军队。在中国，由于枪支管制极其严格，除了刑警、特警以外，其余警察只有在执行紧急任务等特殊情况下才可以携带枪支。美国所有警察都携带枪支，机场里的警察携带冲锋枪。警察开枪免责甚至杀人免责，几乎是美国无人不知的秘密。警察的自由决断权非常之大，比方说警察叫你趴下，你不服从，他可以开枪；警察还没有下令，你就伸手去拿证件，他也可以开枪；警察叫你停车或者下车，你没有反应，他同样可以开枪。想靠法庭打官司把涉事警察绳之以法，鲜有胜诉的案例。美国是最典型的实行判例法的国家，百年的案件审理历史中，不仅有无数有利于警察的判例，而且因为美国犯罪率高和种族歧视，很容易找到同情警察的陪审员。警察的处分一般也就是暂时停职（suspension），开除已属于极端处置了。在里根时代，美国的工会势力受到重大打击，但警察工会是例外，工会为肇事警察请律师，提供职业保护。在这次全美骚乱仍在进行的时候，有一段视频显示，美国水牛城数十名镇暴警察出现在街头，奉命对抗议群众进行清场。当时有一名身材瘦高的七旬老人挡在行进路线上，警察猛力推挤老人使其倒地流血、失去意识。纽约州长安德鲁·科莫（Andrew Cuomo）说这"不公而且可耻"，并将两人停职，公诉二级伤害；他们被停职拘留后，另外57名警察决定辞职不干，认为警察办事吃力不讨好。后来法庭判决结果出炉，两人无罪，无须缴付保释金。这个判决结果出来后，法庭门口的其他警察鼓掌欢呼这个决定，特朗普也发推特表示支持。在美国民主体制内，共和党不伤害警察，民主党不伤害工会，所以警察暴力执法问题在美国政治制度下可以说是无解的。

由"弗洛伊德事件"引发的这次暴乱恰好发生在美国总统大选前，作为民主党竞选人的拜登和众议院议长南希·佩洛西（Nancy Pelosi）等当时也纷纷作秀，通过单腿下跪表示对黑人弗洛伊德之死的哀悼，但他们并不是为了解决问题，而是为了在11月大选中得到黑人的选票。特朗普则反其道而行之，但他也只是为了巩固他所代表的白人中下层群体和白人至上主义者的选票。这次骚乱让美国白人深感恐惧之处，是黑人推倒了包括开国元勋杰斐逊在内的众多雕像，尤其还包括哥伦布的雕塑。他们想以此证明，其实美国白人今天占领这块土地是没有历史合法性可言的。这一方面揭示了美国殖民历史的黑暗与残暴，另一方面会进一步加剧身份对立和社会分裂，许多白人感到这将会动摇美国的立国之本。总之，这场"美国之春"把美国制度的各种深层危机完全暴露在世人面前，这对于包括中国人民在内的世界人民思考美国民主制度危机提供了很好的契机。

西方的反思：美国疫情防控为何荒腔走板？

　　了解西方人对美国乃至整个西方许多问题的反思，对我们增加对西方的了解，增强制度自信很有帮助。美国在应对新冠肺炎疫情时为什么会如此不力？西方不少有识之士对这个问题进行了反思，我梳理了他们的主要观点，也在这里谈谈自己的看法，主要包括四点：

　　第一，都是特朗普惹的祸。西方对美国防疫溃败的反思几乎都聚焦到时任总统特朗普的无能和失职上，可谓痛心疾首。美国《大西洋》杂志特约撰稿人乔治·帕克（George Packer）认为：唐纳德·特朗普几乎完全从个人和政治角度看待这场危机。因为担心能否连任，他宣布新冠肺炎疫情为一场战争，而他自己是战时总统。但他的这个说辞让我们脑海中浮现的领袖，是法国将军菲利普·贝当（Philippe Petain）。1940年，德国击溃法国防御力量后，贝当与德国签署了停战协议，随后组建了亲纳粹的维希政权。特朗普就像是当年的贝当，与入侵者勾结，将他的国家抛入了一场旷日持久的灾难。[1]

　　前文提到史蒂芬·M.沃尔特教授在《外交政策》杂志发表了"美国能力之死"一文，他认为，特朗普对这场危机的处理从一开始就是一场令人尴尬的惨败。不过，他说，这种局面也完全可以预见。特朗普漫长的商业生涯证明：相比于领导者，

1　George Packer, "Underlying Conditions", in *The Atlantic*, Jun. 2020.

他更像是一个表演者，更擅长蒙骗他人和逃避责任。沃尔特教授还指出，自上任以来，特朗普的谎言艺术更加炉火纯青，他逐步将管理团队中的真正专家清除，取而代之的则是一批雇佣文人和谄媚者，还有不称其职的女婿。当面临需要成熟的领导才能方可解决的突发性复杂问题时，特朗普不可避免地处理失当，然后他便推卸责任。[1]

美国著名经济学家斯蒂格利茨也说："特朗普一贯不相信科学，不发挥政府功能，还经常扭曲事实、混淆信息。真不敢相信，短短三年，一个人与其团队，就让美国衰弱至此！"这使我想起了2014年3月英国《经济学人》杂志的那篇封面长文"西方民主病在哪儿？"。这篇文章引用了我的一个观点：美国的民主制度有太多的问题，老是选出二流的领导人。其实我的原话是"老是选出三流的领导人"。[2]

第二，新自由主义是这次溃败的祸根。许多学者把美国这次防疫溃败追溯到20世纪80年代里根推行的新自由主义政策。斯蒂格利茨认为，过去40年，美国新自由主义市场派主导的经济架构，大规模地颠覆了市场、国家与社会三者之间的平衡，导致经济成长趋缓和社会不公。他指出，金融海啸后的2009—2012年三年间，美国新增GDP的九成进了财富前1%的人的腰包，而这些人同时也是制定游戏规则的人。[3]他感叹，金融海啸

1 Stephen M. Walt, "The Death of American Competence", in *Foreign Policy,* Mar. 23, 2020.
2 "What's Gone Wrong with Democracy", in *The Economist*, Mar. 1, 2014.
3 斯蒂格利茨于2012年6月29日在英国伦敦政治经济学院演讲中提及。

之后更加明显的"1%的人所有、1%的人所治、1%的人所享"[1]
这一极端现象，进一步加剧贫富差距，导致美国右翼势力崛起
和特朗普的当选；而特朗普的当选，又加剧了社会分裂，呈现
恶性循环，使美国在疫情面前，变得非常脆弱。

史蒂芬·M.沃尔特教授指出，当罗纳德·里根成为总统后，
美国人被告知：政府是敌人。"贪婪是好事"，这是引自电影
《华尔街》的一句台词，市场就是一切，公共服务要被贬低，傻
瓜才去纳税。数十年来，美国人花费大量时间清理公共机构，
但当面对真正的"公共问题"时，他们突然之间发现，自己此
刻已毫无准备。[2]

沃尔特教授甚至联想到苏联这个超级大国的崩溃："美国一
直自称是世界上最伟大的国家，拥有最具能力的官员、运转最
好的企业、最先进的金融公司和最贤达的领导人。然而，苏联
总理尼古拉·雷日科夫（Nikolai Ryzhkov）对苏联生活的描述，
似乎更像美国人今天的生活：'（我们）收受贿赂，在报告中、报
纸里，甚至在讲台上撒谎，一边相互授予勋章，一边沉迷于谎
言。整个国家全都如此——从上到下，从下到上。'"[3]

乔治·帕克在其题为"我们生活在一个失败国家"的文章中
写到，这些日子里，"美国人每天早上醒来，都发现自己成了一
个失败国家的公民。没有全国性计划，根本没有一以贯之的指

1　Joseph E. Stiglitz, "Of the 1%, By the 1%, For the 1%", in *Vanity Fair*, May 2011.
2　Stephen M. Walt, "The Death of American Competence".
3　Ibid.

导方案：家庭、学校和办公场所都被告知，它们可以自行决定是否关闭和寻求庇护"。[1]

他特别提到美国走衰的关键"三步"。首先是2001年的"9·11"事件，小布什之前忽视了美国情报部门的预警，之后于2001年10月发动了阿富汗战争，于2003年发动了伊拉克战争，两场战争成为美国沉重的经济负担，这"催生了对精英阶层的怨恨"。接着是2008年新自由主义带来了金融危机，美国百姓的财产蒙受巨大损失，但国会却通过救助法案，挽救造成这场危机的华尔街。身处中间阶层和底层的美国人，债务缠身，失去了工作、房子和退休储蓄，感受到了挥之不去的痛苦。最后就是这次新冠肺炎疫情危机，帕克指出：一个由骗子组成、智力已经破产的政党，领导着一个无效的政府；在这个国家的各个地方，都弥漫着一股愤世嫉俗的疲惫情绪，你看不到人们有共同的身份或共同的愿景。这样的疫情灾难把美国社会的深层次问题暴露无遗，特别是政治极化、社会不公、贫困问题、没有全民医保等。

第三，大家普遍反思美国乃至西方国家的治理能力。西方总算有人开始跳出这么多年来被西方主流社会长期坚持的所谓"民主还是专制"的分析框架，来讨论国家治理能力的问题。我们知道，西方迄今为止的主流观点一直是世界上只有两类国家，要么是施行西方民主制度的国家，要么就是施行专制制度的国

---

1 George Packer, "We Are Living in a Failed State", in *The Atlantic*, Apr. 20, 2020.

家，民主制度是好的，专制制度是坏的。而我长期坚持和论证的一个观点是：世界上的国家如果一定要分为两大类的话，不能是所谓的"民主"还是"专制"，而只能是"良政"还是"劣政"。这是一个范式的转换，看起来这个范式转换经受住了时间的检验。新冠肺炎疫情暴发后，我的这个观点在国际上得到了更多的认同。比方说，2020年3月17日，美国《世界邮报》主编内森·加德尔斯（Nathan Gardels）撰文反思西方应对疫情乏力，坦承应该接受张维为教授提出的观点，即世界未来的分歧不再是民主还是专制，而应该是良政还是劣政。[1]

坦率地说，我的这个表述，某种意义上可以说是对西方学界做的一个策略让步，主要是"民主"这个概念已经被西方"注册"了，以至于一讨论"民主"就容易落入他们的话语圈套，陷于被动的境地，所以我干脆指出，如果民主只能是西方定义的所谓多党制＋普选制，那我们讨论民主就没有多少意义了，让我们换一个范式吧，讨论国家治理的好坏。新冠肺炎疫情的全球防控再次证明了这一点：这么多西方所谓的民主国家无法实现良政善治，在疫情中人民的生命和健康损失惨重。

2014年，英国出版了一本书，名为《第四次革命：再造国家的全球竞赛》（*The Fourth Revolution—The Globle Race to Reinvent the State*），作者是《经济学人》杂志时任总编约翰·米

---

1 Nathan Gardels, "COVID-19 Pandemic Exposes the Strengths and Weaknesses of Governing Systems", *The World Post*, www.berggmen.org, Mar. 17, 2020.

克尔思韦特（John Micklethwait）和该杂志专栏作家阿德里安·伍尔德里奇（Adrian Wooldridge）。他们谈的不是第四次工业革命，而是第四次政府革命，书的序言是从介绍上海浦东干部学院开始的，这两位作者说，曾经创造了科举制度的中国，今天正在定期培训自己的政治精英，目的是实现更好的国家治理。他们认为西方国家应该警觉起来，解决自己民主机制失灵的问题，也来一场政府能力建设的革命。[1]

目睹了美国等西方主要国家应对疫情的溃败，2020年，这两位资深媒体人在彭博社的网页上发表了一篇题为"疫情应该让西方醒悟过来"的长文，他们指出，"美国建立在三权分立基础上的复杂的国家机器，在党派政治的绑架之下已近乎瘫痪。一方面共和党拒绝增税（一美分也不能增），另一方面民主党则拒绝削减政府补贴（一美分也不能减）。与此同时，既得利益集团已经把他们的手伸到了每一块能触及的蛋糕上，关于堕胎和变性手术的情绪化争吵已经让整个社会陷入疯狂，这一切的结果就是美国政府治理的全面崩溃"。[2]

有意思的是，连"历史终结论"的作者福山先生竟然也表示，这次抗击疫情说明民主体制还是专制体制不是问题的关键，关键是国家能力，特别是人民对政府的信任。他在接受法国《观点》杂志采访时展开了这个观点，当然他把美国的溃败都归

---

1 John Micklethwait, Adrian Wooldridge, *The Fourth Revolution — The Globle Race to Reinvent the State*, 2014.

2 John Micklethwait, Adrian Wooldridge, "The Virus Should Wake Up the West", www.bloomberg.com, Apr. 13, 2020.

咎于特朗普总统，认为"我们绝不能相信像特朗普这样的总统。在他当选之前，这个罔顾事实真相并且自恋无知的跳梁小丑已经让我们十分担忧了，但是真正考验这类领导人的，是我们正在经历的危机，他并未能建立起克服危机所必需的团结和集体信任"。[1]

读到福山先生这番话，我颇有感触，2011年我们在上海辩论中国模式的时候，他主动挑起了一个争论，说中国要解决所谓"坏皇帝问题"。我说中国通过体制改革已经解决了这个问题，我更担心的不是所谓的"坏皇帝问题"，而是美国的"小布什问题"。我当时是这样说的："我们这个制度可能也有缺陷，但有一点是肯定的，不大可能像美国选出小布什总统这样低能的领导……美国这种体制再这样发展下去，我真担心美国今后选出的人可能还不如小布什。美国是个超级大国，其政策影响到全世界，所以这个问责制会成为很大的问题。所以我倒是想请您解释一下如何解决美国的'小布什问题'——八年时间在现代的社会是不得了的，小布什八年治国无方，美国国运直线下降，再来一个八年美国也赔不起。"

当时的福山对西方民主制度还是相当自信的，他认为任何决策者都可能犯错误，但这不是关键，关键是要有"可持续的明确的制度，比如说制衡制度。我想法治和民主制能够维系我们现在一些好的现实条件，让它能够跨代传承"。经过这场疫

---

1 Francis FuKuyama, «Novs allons revenir à un libéralisme des années 1950–1960», in *Le Point*, 9 avril, 2020.

情，福山似乎不那么自信了。不少朋友把他在《观点》杂志的
这个访谈转发给我，说福山是不是在转述你的观点。福山在采
访中专门提到他的担心："如果在发生了这么多事情后，特朗普
仍能在11月连任，那么美国人的问题就真的很严重了。如果是
别人当选，那我们就可以将此作为重要的教训铭记在心。"

第四，西方许多人也在思考：美国走衰而中国走强，西方
怎么办？让我先继续引用约翰·米克尔思韦特和阿德里安·伍尔
德里奇的论述，他们是这样说的：

> 毫无疑问，西方正面临自"二战"结束以来最为严
> 重的一场危机。这样说不仅因为新冠肺炎疫情对西方社
> 会造成了十分严重的破坏，更因为在此次新冠肺炎疫情
> 中美国实力下降、中国实力上升的现实已被暴露无遗。
> 如今一个地缘政治大问题已经摆在全世界面前：西方是
> 否还能够像历史上多次做到的那样勇于面对挑战、对政
> 府治理理论重新展开思考并对思考的结果真正去践行？
> 还是说西方会手足无措地任由中国重新取得历史上曾一
> 度拥有的全球主导地位呢？[1]

我引用这段话，想说明的只是这么一点：中国抗疫模式的
成功无疑给西方带来了前所未有的压力。反思西方防疫溃败的

---

[1] John Micklethwait, Adrian Wooldridge, "The Virus Should Wake Up the West".

所有文章几乎都离不开这一点。这使我联想到马克思和恩格斯在《共产党宣言》中开宗明义的第一句话："一个幽灵，共产主义的幽灵，在欧洲游荡。为了对这个幽灵进行神圣的围剿，旧欧洲的一切势力……都联合起来了。"[1]今天我们也许可以这样说，"一个幽灵，中国模式的幽灵，在西方世界徘徊，西方许多势力都想驱逐这个幽灵，但又发现自己已有心无力"。中国模式带来的成功使西方模式相形见绌，以至于许多西方人士都不得不拿出韩国和我国台湾地区等来说明西方民主模式也可以处理好疫情。但这种辩解是徒劳无益的，西方主要大国对这次疫情的应对确实太荒腔走板了。中国抗疫模式比西方有效两倍三倍，你还可以不承认，那么比你有效十倍百倍呢，你还能不承认吗？

中国的武汉一个市、湖北一个省遇到疫情的突然袭击，这是绝对特殊的情况，武汉之外，中国其他省份的表现几乎都比被西方国家拿出来做榜样的那几个国家和地区要好。学者王绍光做了这样一个比较：截至2020年5月2日，不管是看确诊人数还是死亡人数，人口近4 000万的福建省（356/1）比人口近2 400万的台湾地区（429/6）表现好；人口1 250万的深圳市（423/3）比人口745万的香港特别行政区（1 039/4）表现好；人口1 100万的苏州市（87/0）比人口565万的新加坡（17 101/16）表现好；湖北的邻省（如河南、安徽、江西、湖南等）

1　［德］卡尔·马克思、弗里德里希·恩格斯：《共产党宣言》，人民出版社，2015年。

比韩国、日本、澳大利亚、新西兰表现好。[1]本书杀青之时，台湾地区疫情大暴发，至2021年7月1日，台湾地区累计确诊病例14 853人，死亡病例661人，死亡率高达4.45%，为世界最高。

关于美国衰落和中国走强的问题，讲得最直白的大概是美国前政要库特·M.坎贝尔（Kurt M. Campbell）和学者杜如松（Rush Doshi）。他们于2020年3月在美国《外交事务》上发表了一篇文章，认为"美国过去70多年来建立国际领导者的地位"，不单是因为其财富和实力，更重要的是因为以下三个要素：(1) 美国国内的治理；(2) 提供全球公共物品；(3) 有能力和意愿来集合和协调国际力量应对危机并被广泛接受。这场疫情"考验美国领导能力的上述全部三要素，但到目前为止华盛顿并不合格，在其步履蹒跚时，北京正在迅速而熟练地采取行动，利用美国失误而造成的缺口，填补其空缺，把自己呈现成应对这场大流行病的全球领导者"。他们说，在这三个方面，中国的抗疫模式表明它能够更有效地治理国家；中国正在向各国提供公共物品，包括口罩、呼吸机、各种医疗物资；中国正在派出医疗队，事实上在引领各国应对危机。[2]

他们担忧，中国通过在大流行病中对其他国家的帮助，试图建立新的标准，把自身塑造为"关键强国"（Essential Power），并以此和各国建立关系。这已经明显表现在中国与日

1　见王绍光：《深度不确定条件下的决策——以新冠肺炎疫情为例》，载《东方学刊》，2020年夏季刊，第6页。

2　Kurt M. Campbell, Rush Doshi, "The Coronavirus Could Reshape Global Order", in *Foreign Affairs*, Mar. 18, 2020.

本、韩国联合应对疫情，向欧盟提供重要卫生设备的行为上。他们认为"美国更应当担心的是，尽管其欧洲盟友并没有公开批评特朗普政府，但在一些关键问题上，美国的盟友已经不与美国站在同一战线上了，例如对于是否采用华为技术和伊朗问题"。他们明确提出，如果英国1956年夺取苏伊士运河行动的失败，标志着大英帝国的最后衰落，那么，美国继续这样下去，新型冠状病毒大流行将会是美国的"苏伊士时刻"。这两位作者以他们习惯的地缘政治眼光，认为中国可能通过这场大流行病，取代美国成为世界的领导者。

其实，中国人的视野和心胸比这些西方学者要宽广得多。我们认为中美两国作为世界最大的两个经济体，双方的利益已经十分密切地捆绑在一起，求同存异、合作共赢是唯一正确的选择。中国方面对于这一选择没有任何困难，因为我们的文化中有和而不同、合作共赢的基因。实际上美国在自己崛起的过程中，也曾经展示过这种包容的胸怀。美国国父之一富兰克林就非常认真地研究过中国儒家的著作，他认为人类"需要通过孔子的道德哲学达到智慧的完美顶点"。[1]

同样，中国在崛起的过程中也从美国汲取了大量的知识和智慧，我们一直在研究、学习和借鉴美国的经验，但这样做不是照搬美国模式，照搬别人的模式从来都不会成功。我们的眼光是超越美国模式的。我们在中国的大地上进行了人类历史上

---

1 William Jones, "America-China Relations: The Longer View", *Executive Intelligence Review*, Aug. 24, 2018.

最大规模的改革和探索，这个过程中有很多的成功经验，包括抗击新冠肺炎疫情过程中的许多经验，是值得美国和西方国家研究、学习和借鉴的，可惜美西方现在不少人还受限于意识形态的框框，导致其无法客观地认知中国。西方反思西方、西方反思美国是个很大的题目，有待我们继续探讨。下面我们看看西方社会如何反思美国的深层矛盾。

西方的反思：美国的深层矛盾

从应对疫情不力，到种族歧视和警察暴力执法，疫情后美国社会的诸多问题，使2020年出现了许多基于数据和民调的对美国多重危机的分析。2020年6月10日，美国《时代周刊》以"美国抗疫效果比中国差百倍"为题发文，指出美国每百万人口的新冠肺炎死亡人数已达到340，而中国只有3.2，美国比中国高出100多倍。文章认为，美国正面临着控制疫情和重建社会的双重挑战，并预测：如果美国还不能积极地从其他国家借鉴成功经验，美国的死亡率可能会上升到中国的200倍。[1]2020年6月，我通过视频参加了在国际上有一定影响力的"芒克辩论会"（Munk Debates），与英国牛津大学一位资深教授辩论中国战疫模式。我专门提到，今天在中国生活，你的安全感——我

---

1 Gavin Yamey, Dean Jamison, "U.S. Response to COVID-19 is Worse than China's 100 Times Worse", in *Time*, Jun. 10, 2020.

指免于感染新冠肺炎或死于新冠肺炎的那种安全感——高于美国、英国至少100倍，这背后当然是中国的制度优势。[1]

2020年6月8日，美国《华尔街日报》和全国广播公司（NBC）发布了一项联合民调，结果显示，80%的美国人认为美国"事态正在失控"，只有15%的人认为没有失控。这个民调调查的对象不是一般民众，而是已经登记的选民，换言之是真正关心政治的人。尽管美国的民主党和共和党两派在许多问题上针锋相对，但这个民调结果说明，两党中的多数人都认为美国"事态正在失控"。民主党人中持这一观点的占92%，共和党人中持这一观点的占66%，无党派人士中持这一观点的占78%。[2] 如果这个民调确实靠谱的话，那么这可以说是美国社会近年来罕见的一次多数共识。这个数据可以与2020年3月初的数据相比较，当时美国还没有采取如"封城"这样的紧急措施，当时约70%的共和党人表示，他们对国家的发展方向感到乐观。针对6月的这次民调，路透社评论说，对于国家的方向，共和党人现在几乎比任何时候都悲观。甚至有17%的共和党支持者说，如果现在就大选，他们会把选票投给民主党总统候选人拜登。[3] 拜登在2021年的当选似乎也印证了这一点，虽然整个过程未免太戏剧化。

1　见"芒克辩论会"视频，网址为www.munkdebates.com/dialogues/zhang-weiwei。

2　"Poll: 80 Percent of Americans Think the Country is out of Control", in *Politico*, Jun. 7, 2020.

3　张梦旭：《如何看待两场全球性危机？美国民调：八成人认为美国正在失控》，《环球时报》，2020年6月9日。

与美国国内的选民信心大失相伴随的，是外部世界对美国的好感急剧下滑。美国专栏作家、历史学家马克斯·布特（Max Boot）2020年5月3日在《华盛顿邮报》发表文章，称由于美国警察在带有种族主义倾向的特朗普政府"鼓励"下，粗暴对待有色人种，美国现在已成了国际社会的"弃儿"（pariah）。布特认为，特朗普政府无力抗击疫情，造成美国因疫情死亡人数超过所有其他国家，这表明美国政府的无能。他说，在经历新冠肺炎疫情、经济大衰退、种族歧视引发的抗议骚乱之后，美国国际声誉直线下降，"特朗普政府在应对新冠肺炎疫情上的表现，让美国的国际声誉跌至谷底"，布特写到，现在几乎没有人站出来替美国说话，这是特朗普政府在国际上被孤立的一个标志。[1]这使我想起了特朗普总统经常说的"America First"，他想表达的是"美国优先"，但在疫情防控溃败上，恐怕要变成"美国领先"了——美国的疫情严重程度领先世界，但这又不像America First，而是更像America Last（美国落到了最后），还有比这种局面更能说明美国今天面临危机之严重吗？

在新冠肺炎疫情暴发前的2019年，美国皮尤研究中心的一项调查就发现，全世界对特朗普政府执政的信心程度已经跌到了31%，相比之下，奥巴马执政时期这一比例曾一度高达74%。2020年6月1日，特朗普更曾威胁美国各州州长动用军队遏制骚乱。德国《南德意志报》这样评论："特朗普政府在向美国人民

1　Max Boot, "Trump Can't Blame China for His Own Failure to Respond to COVID-19", in *The Washington Post*, May 3, 2020.

宣战。"文章称，美国为保护自身在竞争中的地位而对盟友、竞争对手和国际机构采取越来越强硬的态度，恰因如此，美国在海外的形象也急剧恶化。[1]

原定于2020年6月底在美国举行的七国集团（G7）峰会，也因为德国总理默克尔拒绝出席而不得不推迟。德国《明镜》周刊在2020年6月8日以"精疲力竭的国家"来形容眼下的美国。德国《焦点》周刊评论说，世界超级大国美国曾经是"危机管理的榜样"，现在这个形象已经动摇。八成美国民众认为自己的国家正在走向失控，折射出美国人的自信在消减。该刊称，这或许会成为美国历史的一个转折点。[2]

同样，美国在世界各地的外交官也陷入了集体尴尬："美国的对手乐见美国的混乱，而美国外交官却感到绝望"，2020年6月2日，美国"政治"网站（www.politico.com）以此为标题发表文章说，广泛的抗议活动暴露了美国的种族和经济裂痕以及非同寻常的政治两极化。文章引述美国前驻阿富汗和波黑的一位外交官的话说："我们的外交官习惯于对其他国家侵犯人权的行为表示关注。今天，外国政府要求他们解释我们的立场。对于许多投身外交工作并在海外推广美国价值观——如民主、法治和人权——的美国外交官来说，'这是一个悲伤和值得深思的时刻'。"

1 "Trump erklärt Amerika den Krieg", *Süddeutsche Zeitung*, Jun. 2, 2020.
2 张梦旭：《如何看待两场全国性危机？美国民调：八成人认为美国正失控》，《环球时报》，2020年6月9日。

文章称，美国警察和其他安全部队释放催泪瓦斯并殴打抗议者，这些场景在全球的电视屏幕上播放，为长期以来一直指责美国虚伪的外国对手提供了大量素材。文章称，"当国务院发言人摩根·奥塔格斯（Morgan Ortagus）发表推特批评中国为结束香港的'民主运动'而做出的决定时，中国外交部发言人用三个词'I can't breathe'（我不能呼吸了）来回击。这就是因警察暴力致死的弗洛伊德所说的话"。[1]

根深蒂固的种族歧视问题、新自由主义发展模式问题和美国民主制度问题，美国社会的这些深层次矛盾引发了越来越多人的反思。大家知道，美国南北战争之后，奴隶制度被废除，但南北交战双方经过谈判，又建立了歧视黑人的种族隔离制度，这个制度持续了一个世纪，直至20世纪60年代的黑人民权运动爆发才在法律上宣告结束。1965年，美国黑人表面上获得了投票权，但在实际的美国国家治理中，针对黑人的管控也加强了，美国进入了不少学者所说的"隐性的"种族歧视时代。直至今日依然如此，现在黑人只占美国人口不到13%，但监狱中有三分之一的犯人是黑人。美国政治学家罗伯特·D.帕特南（Robert D. Putnam）也在其著作《我们的孩子》（原书副标题为：处于危机中的美国梦 [*The American Dream in Crisis*]）中指出，美国社会经济鸿沟，筑起了一道森严的阶级壁垒，少数族裔的人乃至多数穷孩子都难以获得向上的社会流动机会，下一代美国

---

1 "Adversaries Delight in America's Convulsions, While U.S. Diplomats Despair", in *Politico*, Jun. 2, 2020.

人的"美国梦"处于危机之中。[1]

斯蒂格利茨也在2019年推出一本新书，名字叫《民众、权力和利益》（*People, Power, and Profits*，中文版翻译成《美国真相》），他剖析了美国制度危机的背后，是过去数十年美国推行的新自由主义模式：这个模式造成了美国产业的空心化和贫富差距扩大。他认为，一个国家的财富增长主要有两种方式，要么是"创造财富"，要么是"榨取财富"。前者是"努力把蛋糕做大"，让所有人共同富裕；而后者是"少数人抢多数人的蛋糕"。他指出，在没有政府干预的情况下，自由市场经济必然会走向"榨取财富"，而不是"创造财富"。他认为要创造财富，政府就需要投资于基础设施、人才培养、技术产业升级等。这些领域的投资回报周期特别长，私人资本一般没有这种耐心，他们更喜欢来钱快的金融业，结果形成了美国今天的畸形经济结构：金融业高度发达，但工业空心化，工人大量失业，社会不平等加剧。他指出，社会不平等归根结底是财富的不平等。在美国，杰夫·贝索斯（Jeff Bezos）、比尔·盖茨（Bill Gates）、沃伦·巴菲特（Warren Buffett）三位最富有的美国人，他们的财富超过了整个美国下层阶级财富的总和。[2]在今天的美国，女性的工资水平只有男性的83%，黑人男性的工资只有白人男性的73%，西班牙裔男性的工资只有白人男性的69%。除了工资

---

1 ［美］罗伯特·帕特南：《我们的孩子》，田雷、宋昕译，中国政法大学出版社，2017年，第一章。
2 ［美］约瑟夫·E.斯蒂格利茨：《美国真相》，刘斌、刘一鸣、刘嘉牧译，机械工业出版社，2020年，第一部分。

收入的不平等，还有健康的不平等。理论上，美国的医疗卫生行业比较发达，预期寿命应该全球领先，但实际上，美国人的预期寿命比其他西方国家都要低，也低于中国的发达地区。例如，根据2021年发布的数据，上海的平均预期寿命是83.67岁，美国2018年平均预期寿命为79岁，2020年由于新冠肺炎，美国平均预期寿命降至77岁。[1]根据美国疾病控制和预防中心的报告，从2014年起，美国人的预期寿命每年都在下降——2020年上半年美国人的预期寿命更是比2019年的水平已经缩短了1岁——这很大程度上是一种"绝望病"，造成死亡率增加和预期寿命减少的原因往往是酗酒、吸毒过量和自杀。

前面提到，哈佛大学肯尼迪政府学院教授史蒂芬·M.沃尔特在《外交政策》杂志上撰文谈论"美国能力之死"，在这篇文章中他还指出美国人需要反思这样一个政治体系：花费无数时间和数十亿美元来为2020年大选做准备，最终却要让美国国民在几个白人老头之间作出选择。就此而言，美国人应该反思：花费一整年的时间去选举一个任期四年的人是否真的有意义？他还指出，我们应该废除荒谬的选举人团制度，因为它剥夺了美国大部分地区选民的权利。[2]

这也使我想起了两位哈佛大学教授，史蒂文·列维茨基（Steven Levitsky）和丹尼尔·齐布拉特（Daniel Ziblatt）在2018

---

1 Meredith Deliso, "Pandemic Helped Cause Biggest Drop in US Life Expectancy Since WWⅡ, Study Finds", in *ABC News*, Jun. 24, 2021.

2 Stephen M. Walt, "The Death of American Competence".

年出版的专著《民主如何死亡》（*How Democracies Die*）——
当然，他们指的是西方民主制度的死亡。他们认为民主有两种
死亡的方式：一种是军事政变——这在很多第三世界国家反复
出现过；另一种就是通过选举产生给自己掘墓的领导人，如20
世纪30年代的希特勒。两位学者认为现在的美国也有这种民主
品质大退化的趋势。这两位教授长期研究非西方国家的民主问
题，特别是第三世界国家的民主制度困境和危机，但他们坦承：
这种局面今天已经降临到美国。过去他们一直认为，像美国这
样的民主国家，有宪政民主，有庞大的中产阶级，有市场经济，
有"独立媒体"，等等，民主应该可以维持在比较高的水平上，
但今天突然发现，美国民主面临与第三世界国家民主制度同样
的困境和危机：政治人物之间的竞争是你死我活的竞争；政治
人物拒绝媒体的监督，他们尽力削弱法治体系；政党制度不再
制约极端分子，而是把极端分子纷纷推上政治舞台；政治人物
已不准备接受大选的结果。这两位资深学者的结论很简单：如
果这个趋势无法逆转，美国的民主制度将走向死亡。[1]

美国"心乱"

对美国深层矛盾的剖析，体现了西方有识之士对美国制度

---

1 Steven Levitsky, Daniel Ziblatt, *How Democracies Die*, Viking, 2018.

的理性反思，这是美国民主制度危机的一个侧面。如果我们去看美国政客对现在这些问题的应对思路，则会让人大跌眼镜，他们中很多人现在居然都在"甩锅"中国。

通过惊涛骇浪般的新冠肺炎疫情"世界大战"，中国人大大增强了道路自信，产生了一种社会主义制度对于资本主义制度的"心胜"，一种人民民主对资本民主的"心胜"。如果说我们是"中国'心胜'"，那么美国现在就是"心乱"。这种"心乱"来自战疫失利、种族矛盾爆发、经济严重衰退等问题，而美国极右势力近年刮的一股"新冷战"风就是这种"心乱"的表现，很像病急乱投医，对美国的制度危机和中国的迅速崛起不知所措。然而，"新冷战"这个错误的药方一开，失败的结局便已注定。

美国"心乱"体现在美国政客一系列理性缺位的讲话中。2020年6月以来，特朗普政府的国家安全顾问罗伯特·C.奥布莱恩（Robert C. O'Brien）、联邦调查局局长克里斯托弗·雷（Christopher Wray）和国务卿迈克·蓬佩奥等先后连篇累牍地发表反华、反共演讲。6月24日，奥布莱恩演讲称：美国对中国误判的一个根本性错误是没有留意中国共产党的意识形态，忽略了中共从来就是一个信奉共产主义的马克思主义、列宁主义政党。[1]坦率地说，律师出身的奥布莱恩有点孤陋寡闻，他不仅应该了解

1　2020年6月24日，罗伯特·C.奥布莱恩在特朗普民调落后的亚利桑那州演讲时大肆渲染"中国威胁"，声称两党几十年来低估"中国威胁"，是1930年以来美国外交的最大失败。见Paul Hair, "Trump's National Security Adviser Lays out Stinging Critique of Threat Posted by China", *The Washington Times*, Jun. 25, 2020.

中国共产党是马列主义政党，更应该了解中国共产党是已经把马克思主义中国化的政党——这才是中国成功经验的精髓。

2020年7月7日，克里斯托弗·雷称，中国的目标是要取代美国成为世界霸主。从来没有一个国家像中国这样对美国的创新、经济安全和民主思想构成了如此广泛和全面的威胁。他甚至说：美国联邦调查局每隔十个小时就要开启调查一个中国渗透和威胁美国国家安全的案子。2020年7月26日，蓬佩奥更是在美国尼克松图书馆发表了一番演讲，认为从尼克松总统以来美国的对华接触，目的都是为了改变中国，但发现中国没有被改变，反倒开始大规模渗透美国。这话也可以理解为：美国和平演变中国的企图已经失败，所以美国不能再继续那种"与中国盲目接触的旧模式"。随后他就开始谩骂中国共产党如何干预美国内政，如何要改变美国。[1] 其逻辑之荒谬，语言之夸张，真是令人匪夷所思。

美国的这些"意识形态偏执狂"很像20世纪50年代的麦卡锡主义者，但美国最终将为这场"新麦卡锡主义运动"付出沉重代价。20世纪50年代的麦卡锡主义不仅造成了对成千上万美国公民的迫害，而且使美国陷入了极端主义的思维方式。

令人感到有点惊讶的是，一批经常批评特朗普的西方主流学者，当前也开始鼓噪"新冷战"，这是西方学术界的悲哀。当然，这些学者一直以来就秉持高度意识形态化的立

1　Thomas Wright, "Pompeo's Surreal Speech on China", in *The Atlantic*, Jul. 25, 2020.

场，只是现在更加极端了。这里我要提两个人，一位是胡佛研究所（Hoover Institution）高级研究员尼尔·弗格森（Niall Ferguson）。他曾在2007年提出过体现中国和美国经济共生关系的概念——"中美国"（Chimerica）[1]，但他现在认为"新冷战"已经开始，中国对美国的挑战比当年苏联对美国的挑战更大。他说，与中国的"新冷战"会更冷，时间更长。[2]

另一位是"历史终结论"的提出者福山，他2020年5月在《国家利益》杂志网站上发表了长文《中国挑战：中国是哪种政权？》。[3]与他过去的许多文章很不一样，这篇文章充斥着冷战式的语言，他称：我们西方民主国家首先要认识到，中国很像20世纪中叶的苏联。他认为中国已经不是类似东亚"威权资本主义"政权的国家，而是旨在建立"极权主义制度"的国家。他认同特朗普政府对华为公司的制裁，认为虽然特朗普的做法有点笨拙，但目标"基本正确"，他说，"任何一个自由民主国家如果允许华为这样的公司为自己建立信息基础设施，那一定是发疯了，因为它可能被中国政府控制"。福山指责中国扩充军力冲破第一岛链，批评"一带一路"是中国要把世界经济中心从美国主导的跨太平洋体系转入中国主导的欧亚大陆体系。他建议西方国家逐步在经济上与中国脱钩，这场疫情已经表明西方

---

1 Niall Ferguson, "Not Two Countries, But One: Chimerica", in *Sunday Telegraph*, Apr. 3, 2007.

2 Niall Ferguson, "The New Cold War? It's with China, and it already Begun", in *New York Times*, Dec. 3, 2019.

3 Francis Fukuyama, "The China Challenge: What Kind of Regime does China Have?", in *The National Interest*, May.18, 2020.

国家太过依赖于一个敌对国家的制造业能力。他认为中国要全面控制社会的企图已经超越了中国国界，正在影响西方国家的学术自由。他希望中国最终出现像苏联、东欧那样的民主转型，废除中国宪法中的"四项基本原则"。他同时仍继续严厉批评特朗普，但那是恨铁不成钢。

与此同时，与尼尔·弗格森和福山的极端观点相反，美国也有不少专家学者认为，用"新冷战"的思维来对待中国是不明智的。例如，美国对外关系委员会会长理查德·哈斯（Richard N. Haass）在《华盛顿邮报》上发表文章，对蓬佩奥的演讲予以强烈批评，他认为，蓬佩奥对中国、尼克松和美国外交政策根本一无所知。他指出：问题不仅是这个国家的首席外交官毫无外交手腕，更糟糕的是，他歪曲了历史，同时也没有能力为今后的中美关系指出一条切实可行的道路。

针对蓬佩奥所说尼克松与中国接触是为了改变中国，哈斯这样写道：事实上尼克松和基辛格所制定政策的目标是利用中国制衡苏联，影响的是中国的外交政策，而不是其国家性质。他还针对蓬佩奥把中国描绘成军事上咄咄逼人的国家说，"诚然，中国在南海展示了力量，但蓬佩奥在演说中没有提到这样一个事实：在1979年对越自卫反击战之后，中国就没有进行过任何战争"。哈斯认为，蓬佩奥正试图让美国走上一条注定失败的道路。"我们没有能力决定中国的未来，更不用说改变它。"[1]

1　Richard N. Haass, "What Mike Pompeo doesn't Understand about China, Richard Nixon and U.S. Foreign Policy", in *The Washington Post*, Jul. 26, 2020.

2020年7月29日，美国前国家情报总监丹·科茨（Dan Coats）在《华盛顿邮报》上发表文章，认为"中美之间不存在冷战，即使有，我们也不会赢"。他直言，若如今美国用对付苏联的那一套方法对付中国将很难奏效，更不可能成功。他提出了自己的"遏制"中国的方法，即在国际上"拉帮结派"，与盟友们一起对抗中国。[1]

实际上，科茨的观点也是美国民主党很多资深人士的观点。他们也想遏制中国，但又认为不能像特朗普那样同时开罪自己的盟国，而是要团结盟国，特别是欧洲盟国。

但无论是"新冷战"，还是遏制中国的企图，在今天都是失道寡助，附和者不多。随着中国的崛起，世界格局已经改变。以美国试图团结的欧洲为例，欧洲公开批评美国搞"新冷战"的人越来越多。2020年6月13日，德国《世界报》发表了一篇文章，题为"全球化：我们对中国的实际依赖如此之大"。文章引述了德国工业联合会主席迪特尔·肯普夫（Dieter Kempf）的观点称，"中国可能是一个竞争对手，也是一个制度性的对手，但它对欧洲和德国而言始终是一个重要的伙伴。被迫与中国完全脱钩，这是不可想象的。这必将带来国民经济的巨大损失"。[2]欧盟资深外交官何塞·博雷利（Jose Borrell）也撰文指出，"美国领导的世界秩序已结束，亚洲世纪已提前

1 Dan Coats, "There's no Cold War with China — and if There were, We couldn't Win", in *The Washington Post*, Jul. 29, 2020.

2 "Globalisierung：So abhängig sind wir wirklich von China", in *Die Welt*, Jun. 13, 2020.

来临，欧洲面临的要在中美之间作抉择的压力越来越大。欧盟应该避免堕入特朗普的'新冷战'格局"。[1]

从中国人的视角来看，无论美国鼓吹"新冷战"的人有多少能量，无论美国谁上台执政，搞"新冷战"的企图是注定要失败的，主要原因有三：

首先，这是逆历史潮流而动。如前文指出，中国发展成功的一条重要经验就是一定要准确地把握自己所处的时代大潮，然后顺势而为。中国人做事情讲究"道"与"术"的关系，讲究"不谋全局者不足谋一域"。我们总是先把时代大潮搞清楚，在把握这个"道"的基础上来推动"术"，今天的时代大潮是人民要和平，要发展，要共克时艰，这些指向的是人类命运共同体。但在这样的历史潮流中，美国信奉的却是冷战，唯我独尊，我赢你输。以突如其来的新冠肺炎疫情为例，它本是一场人类共同面临的灾难，国际社会本应团结一致共同应对，但美国拒绝国际合作，结果反噬自身，成了世界疫情的震中。不少美国人感叹，美国在抗疫中成了国际社会的弃儿。回过头看，如果美国在疫情防控中哪怕部分地接受了人类命运共同体的概念——比方说，不是选择嫁祸中国，而是寻求中国帮助，不是选择退出世界卫生组织，而是听从世界卫生组织的防控建议——那么它的处境应该会好得多。

蓬佩奥自己也承认，针对中国的"新冷战"，面临着重重

1　Jose Borrell, "EU's Top Diplomat Urges 'more Robust Strategy' toward China", *The Associated Press,* May 25, 2020.

困难。他呼吁与美国"志同道合"的国家组成"民主联盟"对抗中国。但2020年7月30日，在出席外交关系委员会的听证会时，美国一位参议员问他怎么看53个国家支持香港国安法——美国曾拉拢20余个西方国家在联合国人权理事会提出香港国家安全立法问题，但有53个国家在人权理事会做共同发言，欢迎中国通过香港国安法，并重申香港特别行政区是中国不可分割的一部分——蓬佩奥承认，他感到"吃惊和失望"。[1] 无疑，这种吃惊和失望反映出的就是"失道寡助"，若美国右翼力量继续一意孤行，这种状况只会越来越多地出现。

其二，这是张冠李戴，搞错了对象，把中国当成了苏联。苏联向外输出意识形态和苏联模式，中国则主张人类命运共同体，既不输入外国模式，也不出口中国模式；苏联搞军事联盟体系和扩张主义，中国主张不结盟，建设平等互利的各类伙伴关系，反对扩张主义；苏联建立自己阵营内部的经济互助体系，不参与经济全球化，中国融入世界经济体系，推行一种"嵌入式的合作共赢"模式，与世界上主要经济体形成了你中有我、我中有你的利益融合大格局，这使"新冷战"在经济领域内难以得逞。

2020年7月21日，BBC采访我，问我如何看待美国国务卿蓬佩奥关于中国的演讲。我说，蓬佩奥的意识形态色彩非常重，他是一个冷战偏执者，观念落后，傲慢无知，我们不怎么在意他。中国不是苏联，中国是世界上130多个国家最大的贸易伙

---

1 王恺雯：《费老大劲还是有53国支持香港国安法，蓬佩奥认了》，观察者网，2020年7月31日。

伴，从购买力平价来看，中国是世界最大的经济体，有世界最庞大的中产阶层，有可能遏制这样的国家吗？如果非要这样做的话，美国会发现不是中国被孤立，而是美国自己被孤立。[1]

其三，这是自不量力。前文提及，当年美国遏制苏联的设计师乔治·弗罗斯特·凯南反复强调，美国在与苏联的长期竞争中能否获胜，取决于"美国能否给世界人民这样一种印象"，即美国"有能力处理好本国的内部问题"并"拥有巨大的精神力量"。经过新冠肺炎疫情，美国的抗疫表现恐怕让这种印象不复存在了。我们普普通通的百姓，我们的留学生和海外华人，甚至老外，都在第一时间，通过文字和视频等形式，借助微信等平台，进行着中美抗疫模式的对比。可以说，在多数国人心中，特别是绝大多数中国年轻人心中，美国民主神话已经终结，美国内部治理及其制度安排，更多是反省的对象而非学习的对象，这是中国人民的"心胜"。坦率地说，我认为这是一种先进政治制度对落后政治制度的"心胜"。新加坡资深外交家、学者马凯硕（Kishore Mahbubani）也说，面对新冠肺炎疫情危机和乔治·弗洛伊德惨死的悲剧，美国当局的糟糕表现反衬出了中国的形象，让中国成了当今世界治理效能最突出的国家。[2]

2020年8月20日，当时作为特朗普竞选对手的拜登在民

---

1 《张维为接受BBC采访：香港、新疆、中西方制度都谈了》，视频网址见 https://v.qq.com/x/page/q3120mgZoa6.html。

2 Kishore Mahbubani, "Why the Trump Administration Has Helped China", in *The National Interest*, Jun. 8, 2020.

主党全国代表大会上发表演讲，称此时此刻的美国正同时面临"四个历史性危机"：病毒危机、经济危机、种族矛盾危机和气候变化危机。他说，美国到目前为止是全球抗疫表现最差的国家，感染和死亡人数都为全球之冠。[1]而在民生上，据美国劳工部的统计，截至2020年9月19日，美国申请失业救济的总人数高达2 550万，而在一年前的同期，这一数字为140万。拜登说，特朗普让美国笼罩在黑暗之中太久了，他未能保护美国，这是不可原谅的。而特朗普在8月18日的一个竞选集会上说，如果昏昏欲睡的拜登当选了，中国将拥有美国。[2]对于中国人来说，特朗普这番话显然太离谱了，中国不想拥有任何国家，是美国想拥有中国，只是做不到而已。抛开特朗普和拜登在竞选民主模式下相互揭短的游戏不论，拜登看到的四种危机，即病毒危机、经济危机、种族矛盾危机和气候变化危机，倒是真的，但在美国民主模式下，一个也解决不了，甚至还会恶化。拜登只是呼吁"美国团结"，但处理这些危机光有"美国团结"是不行的，还需要"国际团结"，还需要政治体制改革。坦率地讲，美国面临的这四重危机中，除了种族矛盾危机外，其他三个都需要中国的帮助，否则一个都解决不了，只会日益严重，这就是今天在处理中美关系时，中国的底气和定力所在。由于种种原因，美国可能一时还认识不到这一点，但随着不停地碰壁，

1　"Biden Describes the Four Historic Crises the US is Facing", in *CNN*, Aug. 20, 2020.

2　Lalit K. Jha, "China will Own US if Biden Gets Elected, Says Trump", in *PTI*, Aug. 22, 2020.

我认为终有一天这一点会被认识到，美国今天克服危机需要深入的政治体制改革以及中国的帮助。总之，我们可以继续保持战略耐心和定力，一个"心胜"的中国可以从容应对一个"心乱"的美国。

美国民主是如何一路走衰的？

美国的"心乱"也体现在2020年的总统大选中。2020年9月30日，特朗普和拜登举行了第一场辩论。辩论刚结束，CNN（美国有线电视新闻网）的主持人就感叹："这是有史以来最混乱的一场总统竞选辩论。"特朗普不停地打断拜登，90分钟打断了73次，两人都对对方进行了人身攻击，特朗普骂拜登"低能""弱智"，"读书的时候成绩很差"，拜登骂特朗普"小丑""美国有史以来最差的总统"。美国哥伦比亚广播公司（CBS）所做的辩论后民调显示，83%的观众对这场辩论持负面印象，只有17%的观众认为这场辩论给人的印象是正面的；对于"谁赢了今晚的辩论"，48%的观众认为是拜登赢了，41%的观众认为是特朗普赢了；对于"这场辩论让你感觉如何"，69%的观众认为"烦"。[1]

实际上这只是美国民主全面走衰的一个象征性事件而已。

1　Jack Brewster, "Today's 2020 Election Polls: Biden Won the Debate, Surveys Show", in *Forbes*, Sep. 30, 2020.

回望过去20年，有四桩大事大致可以概括美国民主一路走衰的过程。

首先是2001年"9·11"事件后，小布什总统发动的两场糟糕的战争，即阿富汗战争和伊拉克战争。小布什是2001年上台的，冷战结束后，美国成了世界唯一的超级大国，小布什希望利用美国的绝对军事优势，向全世界输出美国模式，实现美国利益最大化，所以他明确主张美国可以"先发制人"。"9·11"事件后，小布什政府更是声称，只有通过对中东地区的民主改造，才能根本性地解决恐怖主义问题，于是美国发起了所谓"大中东民主改造进程"。针对伊拉克战争，小布什明确说，他要使伊拉克成为中东地区民主建设的样板。当然，这些战争不仅给这些国家带来了动荡灾难，也重创了美国的软硬实力。前文引用布朗大学沃森研究所的数据指出，按最保守的估计，伊拉克战争造成了超过10万平民的死亡，自2003年3月战争爆发至2007年，这场战争已导致约470万人流离失所。伊拉克的国家社保体系、公共卫生体系、国家教育体系在阿拉伯世界原来均属领先，但现在却被美国的"民主输出"及其引发的战火所吞噬。伊拉克国内的教派冲突、恐怖袭击、恶性党争使这个国家长期处于动荡混乱的局势之中。[1]

伊拉克战争同样也让美国自己付出了沉重的代价，伊拉克战争共造成4 400多名美军士兵死亡。由于现代医疗提高了重伤

---

1 Kelley Beaucar Vlahos, "Isaq Today is a Nightmare that Americans Largely Sleep through", in *Common Dreams*, Jan. 1, 2020.

士兵存活率，伊拉克战争造成的需要终身医护服务的士兵数量远超从前。有关统计显示，如果把受伤军人的医疗、医护费用计算在内，美国为伊拉克战争付出的开支大约为3万亿美元。[1]

2020年9月，美国两位资深历史学家安德鲁·巴切维奇（Andrew Bacevich）和弗德里克·S.帕迪（Fedrick S.Pardee）在《外交事务》杂志发表文章，认为美国在国际上滥用武力是美国走衰的主要原因，但他们也注意到无论是特朗普，还是拜登，都"不打算将外交政策非军事化"。两位学者质问："为什么以巨大的血腥和财富为代价进行的军事努力，难以收获长远的成功？人们普遍承认'犯了错误'——特别是伊拉克战争。然而，在建制派内部，对于这种灾难性失误的更大影响，仍然没有进行探讨。"[2]美国灾难性军事失误暴露出来的问题包括：美国的政治制度为什么无法阻止如此荒谬的决策？一个任性的总统为什么可以这样为所欲为，随意地发动两场愚蠢的战争？这样的政治制度不进行改革，这个国家怎能不走衰？当然，我认为这背后更根本的原因，在于美国民主模式被美国军工和石油等利益集团的绑架，这才是真正难以解决的问题。

第二个事件是2008年爆发的美国金融危机。以2008年9月雷曼兄弟公司的倒闭为标志，这场危机重创了美国经济和美国

---

1 约瑟夫·E.斯蒂格利茨等：《三万亿美元的战争：伊拉克战争的真实成本》，卢昌崇等译，中国人民大学出版社，2010年。

2 Andrew Bacevich, Fedrick S. Pardee, "The Endless Fantasy of American Power: Neither Trump Nor Biden Aims to Demilitarize Foreign Policy", in *Foreign Affairs*, Sep. 18, 2020.

的制度自信。人们对这场危机的一般估计是，这场危机给美国带来的损失至少在14万亿美元，美国家庭净资产减少了五分之一至四分之一。这导致绝大多数美国家庭的净资产至今还没有恢复到2007年的水平，也就是金融危机爆发前的水平。危机所波及的范围之广，复苏过程之慢，经济损失之重，都为1929年美国经济大萧条以来所罕见。针对这场危机，世界上几乎所有有识之士都把矛头指向新自由主义的经济理论和政策，特别是政府对金融监管的严重缺位，使各种金融创新和衍生品泛滥。美联储前主席艾伦·格林斯潘（Alan Greespan）在危机爆发后坦承他处于"极度震惊和难以置信"的状态，因为"整个理智大厦"已经"崩溃"，他"不敢相信自己对市场的信念和对市场是如何运作的理解是错误的"。[1]小布什政府在危机爆发前对危机没有预测，在危机爆发后也无良方应对。直至2011年，美国还爆发了"占领华尔街运动"，声讨1%的贪婪之徒对99%美国普通人的侵害，而他们中的相当一部分人，后来成为特朗普的支持者。

第三个事件就是2016年特朗普当选美国总统。特朗普的执政风格大家已经很熟悉了，特点是在国内大搞民粹主义和极端主义。在特朗普领导下，政治人物之间的竞争变成了你死我活的竞争，双方都想把对方投入监狱，美国民主模式越来越民粹化、极端化。美国领导人毫不在乎国家的信誉，在国际上一度

1　Alan Greenspan, "The Crisis", in *Brookings Papers on Economic Activity*, Vol. 41, No.1, 2010, pp.201–261.

大搞单边主义、美国优先，不按常理出牌，不按国际规则办事，不停地退群，使美国在世界上处于日益孤立的境地。根据美国皮尤研究中心2020年9月16日发布的世界信誉度调查报告，特朗普的国际信誉度在世界主要国家领导人中排名倒数第一，世界上只有16%的民众对其表示信任。相比之下，奥巴马当年的信誉度高达六成；而法、德、英、日、加、澳等盟友对美国的好感度也降至历史低点。[1]

第四个事件就是新冠肺炎疫情美国应对得荒腔走板。美国的疫情应对如此之差，使美国成为世界上疫情最严重的国家，无论是新冠肺炎感染人数还是死亡人数，都为全球之冠。黑人弗洛伊德被警察施暴致死又引发了席卷美国乃至西方的"黑人的命也是命"抗议运动，这一切都把美国民主制度的重重危机暴露在世人面前。2008年金融危机爆发后，美国政府用纳税人的钱去挽救造成这场危机的华尔街，而不是帮助受损害最严重的社会中下层民众，这让中下层民众对美国精英阶层充满愤怒，这种愤怒又把特朗普这样的极端主义领导人推上了政治舞台。然而，特朗普上台后还是优先考虑股票和选票，优先考虑资本的利益，而不是如何抗疫，再次罔顾了民众利益。

对比中西方抗疫模式，两者最大的差别就是：中国人民民主模式从一开始就明确，人民的生命和健康高于一切——这是我们社会主义制度的本质特征所决定的。而美国等西方主要国

1　Scott Powers, "Foreign Suveys Found Less Confidence for Trump than even Vladimir Putin", in *Florida Politics*, Sep. 15, 2020.

家的资本民主模式都是经济利益和商业利益高于一切，决策者在抗疫行动上举棋不定、心存侥幸，抗疫的结果也就天差地别。回头来看，美国等西方国家在这样的危机时刻的决策是多么短视，为了一时的经济利益和商业利益，结果导致最早沦陷的都是自己经济和商业最发达的地方：美国的纽约、英国的伦敦、法国的巴黎等。

　　这四个事件，折射出的都是美国民主制度今天面临的困境和危机。这样的制度，迄今还不思改革，也无法改革，美国的国运能不一路走衰吗？

把不自信的帽子送给我们的对手

　　我们今天生活在全球化的21世纪，但由于西方主流媒体长期误导世界舆论，外部世界对中国的了解非常扭曲，这也是为什么过去数十年西方媒体老是炒作中国崩溃论。西方先是预测"八九风波"后中国要崩溃；又预测苏联解体后中国会步苏联的后尘分崩离析；邓小平去世前后，预测中国要大乱；香港回归前，预测香港的繁荣将一去不复返；中国加入世贸组织，又有人预测中国将走向崩溃；2008年全球金融海啸爆发后，又预测中国要出现大乱；新冠肺炎疫情暴发，又被描绘成中国的"切尔诺贝利时刻"。结果我们都知道了：中国没有崩溃，"中国崩溃论"崩溃了。

背后的原因并不复杂：西方对中国的解读充满了一种我称为"新愚昧主义"的味道。它主要表现为三点：一是西方民主话语主导下的意识形态偏见；二是西方社会科学的偏见；三是西方文化的偏见。或者更准确地说，是这三种偏见的混合。所谓"新"，是与欧洲中世纪的愚昧主义相比较而言的。欧洲的启蒙运动，本质上就是用理性主义代替了蒙昧主义，这在总体上看是历史的进步，推动了西方的工业革命，虽然也带来了很多问题；随着时间进入20世纪和21世纪，西方又把自己的民主模式及其衍生出来的一整套话语推向绝对，失去了理解与西方相异质的政治文明的能力，这便形成了一种新的蒙昧主义。其结果自然是西方世界怎么也读不懂中国，甚至可以说，也读不懂自己的许多问题。

西方也有对中国认识比较清楚的人，从20世纪40年代的美国记者埃德加·斯诺（Edgar Snow）先生，到今天的英国学者马丁·雅克（Martin Jacques）先生等都是这样的有识之士。新冠肺炎疫情暴发以来，中国成功地抗击了疫情，又使更多的西方人开始睁眼看中国。在疫情防控过程中，应该说西方媒体对中国的报道总体上负面多于正面，但随着西方国家自己在疫情防控上荒腔走板，伤亡惨重，客观看中国的媒体报道多了起来。西方主流媒体对2020年武汉解封和当年10月中国国庆长假的报道有一定的代表性，我从中得到两个印象：

第一，他们总算承认中国真的把疫情控制住了。西方主流媒体曾一度坚持认为中国疫情数据作假，不相信中国真正把疫情控制住了。但2020年8月，当走出疫情的中国民众"狂欢"时，法新社用"武汉风潮"（Wuhan Wave）报道了"回归正常生活的武汉人"。这一报道还得到了英国《卫报》、美国CNN等西方主流媒体的转载，不少外国网民表达了对中国的艳羡之情。2020年国庆黄金周中国共有6.18亿人次出游，更是让西方媒体看到了中国真实的战疫成绩。

第二，他们真的看到中国经济复活了。西方主流媒体从中国国庆长假等活动中看到了中国井喷的消费需求。2020年下半年，中国经济已开始走上正轨，人们的生产、生活基本恢复正常。中国成为2020年全球唯一一个经济正增长的主要经济体。美国有线电视新闻网当时评价称，中国展现出了疫情已得到控制的"自信感"。[1]这与世界其他地方，特别是欧美国家，以及印度和巴西，形成了鲜明的对比。一个14亿人口的国度，成为全球大疫情下唯一一个经济、社会、生活率先安全地满血复活的地方，这不仅值得西方媒体关注，也真的值得我们所有国人感到欣慰和骄傲。

当然，这些西方主流媒体相对客观地报道中国，很大程度上是对西方自身恨铁不成钢。《纽约时报》于2020年3月13日刊登过一篇自我反省的文章，常驻北京的作者张彦（Ian Johnson）认为："中国为西方争取了时间，西方却把它白白浪费了"，"中国不得不应对一起严重的突发事件，但西方国家的

1　"China Contained Covid-19. Now Hundreds of Millions of People there are about to Go on Vacation at the Same Time", in *CNN*, Oct. 2, 2020.

政府相当于在几周前就收到了通知。然而西方国家好像没能吸取中国的经验教训，并对中国采取的有效措施视而不见。而局外人似乎想说中国的经验是特殊的，这更可能是一种自我安慰：中国离得很远，传染病肯定不会传播得那么远，那么快。"[1]在作者看来，最重要的原因是外界，尤其是西方，都执着于排异中国的政治体制而低估了中国经验对他们的价值。张彦这样的西方作者是在尽力用中国抗疫的成功，来刺激本国政府醒悟过来，积极战疫。

相比于媒体和媒体人，在新冠肺炎疫情中最能睁眼看中国的群体，应该说是国外的科学家群体和医护专业人士。他们中的很多人都密切跟踪中国的战疫情况，高度肯定中国一整套的防控措施。疫情暴发后，世界卫生组织就派出专家组前来中国了解情况，世界卫生组织访华专家组组长、加拿大流行病学专家布鲁斯·艾尔沃德（Bruce Aylward）当时指出，中国的防控方法是世界上"目前唯一被事实证实的确是有效的方法"。有西方媒体问他：中国的做法不是侵犯人权吗？艾尔沃德回答说，"不是，这是伟大的人道主义"。他多次谈到，他亲眼看到了中国人身上表现出来一种巨大的责任感，要保护自己的家庭、自己的社区、自己的国家，要保护人类，"这让人动容"。他还说："中国人的人道主义精神，这些人辛勤的工作，他们非常愿意分享，他们为自己的工作骄傲，他们谦逊不傲慢，他们有责任心。

---

1 Ian Johnson, "China Bought the West Time. The West Squandered it", in *New York Times*, Mar. 14, 2020.

我之前也说过，那些和我们一起工作的中国人让我钦佩，也很受鼓舞。"在总结中国经验的时候，艾尔沃德直指核心问题。他说中国战疫成功经验的核心是"速度、资金、想象力和政治勇气"。[1]他实际上就是在批评西方抗疫模式：没有速度、缺少资金、缺乏想象力和政治勇气。

著名医学杂志《柳叶刀》主编理查德·霍顿（Richard Horton）在BBC的节目上也指出，"天呐，1月份的最后一周就发出来五篇中国科学家关于新冠的论文了。这些文章明确指出了这个病毒是致命的、有高度传染性的，但是他说英国等西方国家都选择忽视，这是丑闻，整个2月份都给浪费了"。[2]

美国布兰迪斯大学公共卫生专家艾拉娜·尤瑞斯基（Elanah Uretsky）2020年11月在澳大利亚新闻网站"谈话"（The Conversation）上发文。她表达了对中国的羡慕之情。"我生活在一个民主国家，但随着感恩节的临近，我发现自己渴望在中国看到的那种自由。"进入秋冬，美国疫情再度濒临失控，而在中国，人们可以自由行动，旅游、下馆子、上剧院，孩子们上学也不用担心健康问题。她说，她的中国朋友与她分享了在中秋和国庆假期旅游的照片，"我当时就很羡慕他们，现在更加羡

1　Julia Belluz, "China's Cases of Covid-19 are Finally Decling. A WHO Expert Explains Why", in *VOX*, Mar. 3, 2020.

2　Ellen Manning, "Lancet Editor Accuses Government of 'National Scandal'", in News. Yahoo.com, Mar. 27, 2020.

慕他们了"。[1]

瑞士《时报》（*Le Temps*）2020年12月6日发表了题为"中国人为何不怨恨他们的政府"（Why don't the Chinese Resent Their Goverment）的文章，文章指出，在许多外国人认为中国人应该怨恨政府的时候，民意调查结果却显示，中国是民众对政府态度最为乐观的国家之一。文章分析了四方面的原因。一是中国民众和美国民众的年龄中位数相当，均为37岁左右，然而美国年轻人出生以来只知道战争、经济危机和收入停滞，中国年轻人则经历了一个财富不断增长的稳定时代，绝对贫穷被消除，他们的生活比父母一辈更好。二是中国的成功在于政府的宏观经济管控能力，比如，这个世界上人口最多的国家用25年时间建成了庞大的现代铁路、公路网络，建成了十分高效的数字基础设施。三是中国的近代史使中国人了解因为帝国主义、外国势力入侵而遭受"百年屈辱"的历史，也了解"西式民主"在近代中国造成的极大混乱。最后是传统儒家思想的影响，大家认同个人自由与集体繁荣之间的平衡。[2]

在中西抗疫效果的对照之下，不少西方学者发表了有一定深度的反思文章，法国政治学者布鲁诺·吉格（Bruno Guigue）在2020年3月这样写道：我们要承认西方体制无效，而中国特色社会主义再次显示出其优越性。要想战胜这样一种疾病对人

1　Elanah Uretsky, "What China Did Right in Handing COVID-19 Pandemic and the United States Did Not", in *The Conversation*, Nov. 28, 2020.

2　"Why don't the Chinese Resent Their Government", *Le Temps*, Dec. 6, 2020.

类的威胁，还是需要有一个"国家"，但西方的"国家"在哪里？公共卫生是它的当务之急吗？它能够建设新的医院吗？在一个外债深重，公共财富为负数的国家，公共部门被私有化、被摧毁。国家只是为金融利益集团服务，他强调："西方能做到中国所做到的十分之一吗？"针对法国《世界报》社论曾发表文章声称新冠疫情可能意味着"一种体制的垮台"——即中国的体制，布鲁诺·吉格调侃说，现在看来，垮台的体制是西方自己的体制。[1]

美国经济学家大卫·保罗·戈德曼（David Paul Goldman）在2020年春季号的《克莱蒙特书评》（*Claremont Review of Books*）上撰写长文，指出：面对中国在经济、军事、技术上的全面崛起，西方世界虽疑虑重重，却至今仍云里雾里，不知如何理解。一个20年前被西方学者算定即将崩溃的国家，为什么今天成了可能超越美国的国家？[2]

他指出，美国战略家们似乎认为我们正在和20世纪80年代的苏联打交道。要是有那么容易就好了！中国是完全不同的。苏联共产党人对他们最有才华的科学家说："发明点新东西，我们会给你一枚奖章，也许还会给你一根腊肠。"中国说："发明新东西，进行首次公开募股，然后成为亿万富翁。"他写道："我们面对的可不是喝醉的、腐败的苏联官僚，而是从这个世界

1　Bruno Guigue, "Covid-19：«La faillite d'un système»", in *Russia Today*, 19 mars., 2020.

2　David Paul Goldman, "The Chinese Challenge America has Never Faced Such an Adversary", in *Claremont Review of Books*, May 7, 2020.

上最大国家最聪明的大学毕业生中挑选出来的精英。美国面临着更令人生畏的事情：一个有5 000年历史的国家，它务实、好奇、坚决、适应性强，雄心勃勃。"实际上戈德曼对中国的描述与我讲的"文明型国家"有点异曲同工：中国是一个没有中断的延续数千年的古老文明，同时又是一个超大型的现代国家，这个国家的发展成就或许正在重新界定现代性。

作者感叹中国能够在一个月内就分享新冠病毒的基因序列，十天内就建成两个拥有千人病床的医院。他说，中国就像一枚双级火箭。第一级火箭，是出口驱动和廉价劳动力驱动的经济，这使中国从一个贫穷的农业国家变成了一个繁荣的城镇化巨人。现在是第二级火箭在运作，特征是由人工智能、机器人技术、物联网以及供应链管理等大数据推动的第四次工业革命，华为可称为其中的佼佼者。作者认为美国对中国全球发展的回应已经失败。"这种失败有两大原因。一是我们长期低估了中国的能力，二是我们没有解决好自己的问题。"

作者接着说：我们老是用"帝国"这个概念，它唤起人们对军事征服和殖民占领的记忆。但中国是一个完全不同的实体：它的目标不是帝国统治。中国并不追求对外国的军事承诺和过度干预，它是试图通过在贸易和技术领域的主导地位来锁定自己的影响力。作者承认，"美国对中国没有简单的回应方式，没有快速的解决办法，也没有捷径。世界从未见过像中国这样的全球突破。它将改变这个星球上每一个居民的生活，包括美国人"。

他还引用了美国著名心理学家伊丽莎白·库伯勒－罗斯（Elisabeth Kübler-Ross）关于人"悲伤"的五个阶段演变模式，来阐述美国对中国崛起态度的演变：第一阶段是否认，第二阶段是愤怒，第三阶段是讨价还价，第四阶段是沮丧，最后是接受事实。他写道："过去十年中，美国一直否认中国已崛起为一个全球大国。我们无法相信一个世世代代被视为贫困代名词的国家能够与我们竞争。随着特朗普在2016年当选总统，我们已经转变为愤怒。就目前情况来看，我们不久将进入讨价还价阶段。"我想作者指的就是美国进入拜登政府时期将要发生的事情。作者没有接着往下预测，但顺着他的思路，讨价还价之后应该是"沮丧"，直至最后"接受"中国崛起的事实。这使我想起了美国的一句成语：如果你实在无法打败对手，那就加入他们（If you can't beat them, join them）。这也就是我经常说的，在中美关系上，只有经过交锋，才能更好地交流。

总之，面对充满不确定性的中美关系，面对百年未有之大变局，我们务必要保持充分的制度自信和战略定力，时间有利于我们，历史在人民民主这一边，我们要把不自信的帽子送给我们的对手。

百年未有之大变局

芒克对话：美国可以向中国学习什么?

中西方之间在民主等政治问题上除了唇枪舌剑的辩论，能否进行平和理性的真正对话？其实还是可能的。2020年11月25日我和"芒克辩论会"主持人拉迪亚德·格里福茨（Rudyard Griffiths）先生进行的"芒克对话"，从中外观众的反应来看，多数人都认为这是一场坦诚理性的对话。外方的问题非常坦率直白，有时候还相当尖锐，甚至刁钻，但主持人总体上谦虚诚恳，同样我也实事求是，开诚布公地谈我自己作为一个中国学者的分析和看法。在我参加过的许多中西方辩论或对话中，这次确实是一场为数不多的互相尊重的理性对话。有时候我甚至想，如果中西双方在所有问题上都能这样坦诚交流的话，许多误解也许可以化解。但我要坦率地说，中西方交流中的困难主要来自西方，中国人一直主张平等对话，但西方人喜欢高人一等地训话。正因为这场对话难得，所以我认为应该把这场平和、理性的对话给大家介绍一下。

那天，格里福茨先与我进行了大约20分钟的对话，然后向全球观众开放，直接让大家对我提问。整场对话涉及的问题包括民主、自由、党的领导、中国模式、"战狼外交"、新疆问题、中西方生活水平比较、中西方多元化社会比较、"一带一路"的意图、中美关系、中国的"红线"、中美军事冲突的可能性、孟晚舟事件与中加关系等，大约20来个敏感的热点话题。从中外观众的网上留言来看，应该说好评如潮。中国受众发现，西方也有愿意认真听取中方观点的知名主持人；西方受众发现，中国学者也能够以他们听得懂的语言把他们关心的问题讲得清清楚楚；主持人客气礼貌，他多次明确表示，他愿意从我这里了解和学习中国的经验。

格里福茨一上来就建议我们从民主这个话题谈起。他说，我想知道，您和你们中国人今天对西方的自由民主制度的看法，特别是在这一场存有争议的美国大选之后，您认为西方民主制度哪里出错了？（大家可能已经注意到，随着特朗普现象的出现和美国疫情防控的溃败，现在反思西方民主制度的问题，在西方逐渐成为显学，这种变化在几年前是难以想象的。）

我说，整体上看，西方的政治体制有其优势也有其劣势，但现在它的劣势已经压倒了它的优势。西方民主模式在西方的运作至少存有三个基因缺陷。一是它预设人是理性的。随着金钱卷入、人工智能技术和社交媒体的崛起，现在这个预设越来越难以成立，人越来越难以保持理性。二是它预设权利是绝对的。在中国人的观点里，权利和责任总该是平衡的，若没有权利和责任的平衡，一个真正的现代社会将无法良好、高效地运行，这既是新冠肺炎疫情防控带给世界的教训，也是我经常讲的——中国所做的许多事情正在某种意义上重新界定所谓的现代性。三是它预设程序是万能的，结果带来很多问题，与民主的初衷背道而驰。

我建议主持人研究一下中国人治国理政背后的理念。我向他介绍了两个中国理念，一个叫"民意"，跟英文中"公众舆论"的意思接近；另一个叫"民心"，或"民心向背"，这个理念不容易翻译，大致等于"hearts and minds of the people"，也就是国家和人民长远的、整体的利益，这是孟子在两千多年前提出的理念。我们看到在西方民主模式中，治国理政越来越倚重民意导向，结果民粹主义泛滥。就中国而言，我们认为顺应民心，治国理政符合人民的长远利益和想法才是关键。民意可能反映民心，也可能不反映。特别是在今天这个网络时代，信息瞬息万变，几个小时前后人的心情可能都不一样，所以把"民心"和"民意"加以区分，甄别出人民真正的长远利益和想法，是中国的政治智慧，这在中国是行之有效的。

我还说，中国治国理政讲究"道"和"术"的关系。"道"是大目标，"术"是具体的做法，"术"归"道"管。美国或西方政治体制难以进行真正改革的原因是法治程序的僵化。具体法律条文是"术"，是否有切实可行的"道"对"术"进行统摄，推动"术"应"道"而变，同样是非常重要的。只有这样才能与时俱进，否则就无法改革了。

这时主持人说，您能否谈谈中国人究竟怎么看待美国的大选呢？他们会不会想，要是我们中国也能每四五年搞一次大选该多好？还是他们会说，这是外国的东西，与我们的文化格格不入？（这里我要补充一句，大家要知道，民主在多数西方人心中，已被简化为多党制加一人一票的普选制，所以一个典型的西方人会下意识地提出这样的问题，因为他们将民主与选举挂钩。）

　　我说，中国是世界上最早发明政府官员考试制度的国家，早在1 000多年前的隋朝就有了科举制度，所以中国的体制或多或少是建立在我所称的"选拔"的基础之上的。放在今天，我们的做法叫作"选拔+选举"，这是中国产生领导人的政治模式。也就是说，你的工作表现如何才是重中之重。中国最高领导层的干部，在多数情况下，都治理过两三个省份，治理过的人口至少有1个亿，而且还要有很好的政绩才行。

　　这时，格里福茨承认，作为西方人，我们通常看不到中国选拔制度的优点。我们没有意识到，中国的治理制度并非从1949年才开始，而是已经有了上千年的历史，他随之希望我解释一下中国人为什么会接受这种制度安排。

　　我回答说，中国作为统一国家的历史有两千多年了，其间虽然有过分裂，但分裂后还是走向统一。在漫长的历史进程中，中国是经过"百国之和"而形成的国家，这样的国家，人口众多，地域广阔，治理难度极大，人均资源又明显少于多数其他国家，所以选贤任能的做法就应运而生，也就是通过各种形式的考核来选拔人才，组建一个不偏袒任何一方、相对比较中性的政府，这成为中国政治文化的重要组成部分。我说，我就不提特朗普了，你要让中国人接受奥巴马做领导人都是很难的，因为按照中国人的标准他还差那么一点点，缺乏治国理政的经验。请大家注意，我这里用词是比较客气的，"比中国标准差那么一点点"（slightly below the Chinese bar），因为格里福茨也很客气。如果是傲慢的CNN采访我，我会坦率地说，你们领导人的标准比中国的标准低太多了（way below the Chinese bar）。

主持人听完我的回答说，这太有意思了，但我还是想问，当中国人想到西方的自由民主，会有任何让他们羡慕的理由吗？他说请原谅我的无知，我只是想了解，在中国会不会接受个人自由？也就是一个人完全以个人来定义自己的身份，来过自己每天的生活，并认为这就是自己的信仰？这至少是多数美国人的想法，中国人会羡慕美国人的这种追求吗？尽管这种追求有时候会产生混乱。

我笑了，我说，中国人有时候会感到很震惊：为什么西方价值观会把所谓的"自由"放在首位？一定是西方人在很长的历史阶段中没有享受过自由，所以一旦终于获得自由，他们就开始无比珍惜。在中国漫长的历史中，以中国的土地制度为例，大多数历史时间里，中国的土地都是允许自由买卖的，所以在经济层面，中国比同时期的欧洲要自由得多。中国还是一个超大型的国家，古话叫"山高皇帝远"，言下之意就是个人的自由空间巨大，多数中国人从来不感到缺少自由。我向他介绍了一项比较华人社会和美国社会的民调。我说，假设世界上确实存在所谓"普世价值"的话，由于历史和文化差异，华人社会放在首位的价值是社会秩序，而在美国，排在首位的价值是言论自由。我们知道，美国是一个讲"政治正确"的社会，在这样的社会中，日常生活的言论自由其实是非常有限的，更不要说政治生活层面的言论自由了。不是吗？最近美国互联网巨头联合起来把特朗普社交平台的账号都给封了（2021年1月初，特朗普推特账号被永久封号），这不是严重违反言论自由吗？特朗普可是有7 000多万支持者的人呀。

主持人此时说，我很想和你一直聊下去，但我不能太贪心，我们得进入听众提问环节了。第一个问题是比较刁钻的，提问者说，在西方我们通常会将国家与政府分开看待，我也是这样看待中国的，中国有着悠久的历史，在现代成为共产主义国家，那么在谈及中国的未来时，除了共产主义还有别的路可走吗？你能想象没有共产党领导的中国吗？

我是这样回答的，把中国叫作共产主义国家其实是不准确的，中国是一个社会主义国家，由中国共产党领导。我还补充了一句：中国共产党是中国社会极其积极正面的力量，这在中国是常识，如果不知道这一点，很有可能会对中国产生各种误解。正如我之前所说，中国是"百国之和"的国家，在过去两千多年间的多数时间内，中国都是由一个统一的执政集团来治理的，你也可以称之为某种"一党制"，中国共产党延续和发展了这一传统，否则中国就会四分五裂。中国在1911年尝试过美国的政治制度，结果却陷入军阀混战的局面，百姓伤亡惨重，这是沉痛的教训。更重要的是，我多年前就说过，中国已经找到了走向成功和现代化的道路，虽然这个模式并不完美，但它的确对中国有用，而且它能与西方模式竞争。我可以简短概括一下中国的模式：政治上，如我刚才所说的，中国模式的特点是"选拔+选举"；经济上，中国模式的特点是采用混合经济制度；在社会领域，中国模式的特点是社会与国家良性互动。总体而言，这一模式运作良好，正因如此，我们得以目睹中国的崛起。

我说，我还记得几天前美国国务卿蓬佩奥说，中国是个马克思主义国家。不要被他描述的"马克思主义"或"共产主义"吓住，中国的马克思主义是中国化的马克思主义，就像佛教传入中国后，和中国文化相融合形成了汉传佛教，马克思主义也是如此，马克思主义中国化反映了中国现代化进程的许多要素。得益于马克思主义中国化和中国共产党的领导，中国保持了国家的统一，并一步步崛起至今。千万不要把中国看作另一个苏联，两者完全不同。中国是世界最大的贸易国，中国有4亿真正的中产阶层——这些人哪怕放在加拿大也是中产，所以中国是一个高度开放的国家，不是西方所说的"斯大林主义"国家。

这里我补充谈一点看法。长期以来，由于西方主流话语的影响，西方社会形成了许多对于中国共产党的偏见。即使对中国十分友好的国家中的许多社会精英，也受到了这种话语的影响。所以在国际对话交流中，在谈到中国共产党时，我一般都会加一句说明：你们一定要了解，中国共产党是中国极其正面的力量，在中国这是一个常识。如果时间有限，就说这么一句话。如果时间更加充裕，我还可以做一些更为充分的介绍。比方说，虽然西方的政党与中国共产党都叫"党"，但其实两者有本质差别。西方政党是公开的"部分利益党"，而中国共产党是"整体利益党"。中国"整体利益党"的传统源远流长。从当今世界的情况来看，是多党制，一党制，还是无党制，都不重要，重要的是这个国家是否有一个代表人民整体利益的政治力量，如果有，这个国家的发展可能就顺利些，如果没有，其发展往往要遭受很多挫折。中国正因为有这样的政治力量，即中国共产党，所以可以凝聚起14亿人的力量一起做事。

还有一个观众问起所谓的"战狼外交"，说中国的"战狼外交"已经激怒了欧洲、亚洲、北美的很多国家，一个强大、安全、自信的国家有必要这样做吗？我笑了。我说，作为中国人，我们已经习惯西方和西方媒体对我们的说教了，我想西方也应该开始习惯中国人给你们上上课。当然，具体的上课方法也许可以更加精致、完善，但总的来说，我认为中国在国际事务上的立场，受到了大多数国家的赞赏，虽然不少西方国家不赞赏，但西方国家在国际社会中是少数，尽管影响很大。如果看看联合国人权理事会上的辩论，在新疆和香港问题上，大多数成员国都支持中国的立场，数量通常是支持西方立场的两倍多。主持人说，这是精彩的回答。

紧接着是一个关于所谓"中国压迫新疆维吾尔族的指责"，问题很刁钻，他是这样问的，中国这种国内治理的方法，反映了怎样的中国价值观？反映了中国模式的什么特点？我们这里有很多关于新疆形势的报道。我说，大多数中国人不相信这些说法。我们认为这是西方的政治宣传，可能是美国中央情报局及其相关机构编造的。从中国人的角度来看，美国搞乱了伊拉克、伊朗、阿富汗、叙利亚和利比亚，现在还想搞乱新疆和香港，中国绝不允许这种情况发生。考虑到新疆在过去多年发生过许多恐怖袭击，某些临时的限制性措施是可以理解的，法治国家都会这样做。同时你不要忘了去看过去几年新疆取得的巨大进步：连续三年没有一起恐怖袭击事件，2019年新疆接待游客数量超过了2亿人次，这在新疆历史上是前所未有的；新疆的现代化水平，比其周边的中亚邻国都高。了解了这些大背景，你就能更好地理解新疆。

这样一问一答的对话持续了一个小时，时间到了，大家仍意犹未尽。应该说，外方的问题都是真问题，有相当的代表性，我基于自己的研究进行了回答，算是一家之言，从效果看还不错，确实可以算是近些年未见的一场理性、平和的高质量中西方对话。很多人在网络上回看这场对话的视频后说，一看就停不下来，不知不觉一个小时就过去了。这大概就是真诚讨论真问题的魅力。

中国崛起到今天这个地步，已经到了什么问题都不能回避的时候了，其实也没有必要回避。我们完全能够用中国话语把中国的事情和世界的事情说得清清楚楚，这也是我们做电视节目《这就是中国》的底气所在。同时，外部世界也非常希望听到真实的中国声音，不只是官方的声音，还有中国学者的声音和中国民间的声音，特别是有质量的、有冲击力的、有温度的思想和观点，这是整个世界对我们中国人的期待。

对话斯蒂格利茨：聚焦美国政治改革

诺贝尔经济学奖获得者约瑟夫·斯蒂格利茨是国人比较熟悉的一位具有全球影响力的西方学者，曾任世界银行首席经济学家，他对美国经济和政治体制问题的分析可谓入木三分。2008年美国金融危机爆发后，他把美国林肯总统的名言"民有、民治、民享"（of the people, by the people, for the people）改成"1%的人所有、1%的人所享、1%的人所治"（of the 1%, by the 1%, for the 1%），可谓一语中的地概括了富人主导政治和社会贫富差距巨大的美国状况。[1]

我们正面临百年未有之大变局，这是一个需要思想的时代，思想必将引领这个时代。本着这样的信念，复旦大学中国研究院每年都会举行一次"思想者论坛"，邀请国内外有影响力的思想者进行有一定深度的对话，2020年我们联系了包括斯蒂格利茨教授在内的一批海内外知名学者，一起探讨"疫情后世界往何处去"的问题。聚焦美国的政治体制改革，我和斯蒂格利茨进行了一场很有意思的视频对话。

斯蒂格利茨在他自己的著作《美国真相》中，首先点出了新自由主义（或者叫市场原教旨主义）给美国闯下的祸。他的数据很扎心：过去40年中，也就是1974年至2014年，扣除物价因素，占全美人口90%的下层人民的平均收入几乎没有变化，

1　Joseph E. Stiglitz, "Of The 1%, By The 1%, For The 1%", in *Vanity Fair*, May 2011.

而占美国人口1%的富人的平均收入却在飙升。[1]他感叹，他每年都访问中国，当他告诉中国听众绝大多数美国人40年来的收入没有增长时，中国听众都会向他投来难以置信的目光，要知道，中国人过去数十年的收入水平是世界增长最快的。根据中国国家统计局的数据，改革开放的40年中，中国人的收入扣除物价因素，实际增长22.8倍，年均实际增长7.8%。[2]

斯蒂格利茨提到，他的家乡美国印第安纳州的加里市曾经是美国最大钢铁企业的所在地，但随着去工业化，那里已变得千疮百孔、满目疮痍，成了好莱坞世界末日主题电影的拍摄基地。

他以排比句的形式提出，美国的经济学需要改革，美国的政治需要改革，美国的价值观需要改革。他写道：美国的经济学出错了。人们总是认为不受约束的市场，包括减税和放松管制，是解决所有经济问题的唯一办法，但他们不理解市场权势带来的危险（the danger of market power）。美国人多年来一直盲目地认为每个人追求自身利益最大化，便会自动提升整个社会的总体福利，但结果却不是这样，美国这几十年新自由主义经济模式的实践证明，它导致的是"市场上的垄断性权力"无处不在。

接着斯蒂格利茨进一步深化了他的分析。他指出：美国

1 ［美］约瑟夫·E.斯蒂格利茨：《美国真相》，刘斌、刘一鸣、刘嘉牧译，机械工业出版社，2020年，第二章。
2 国家统计局：《居民生活水平不断提高 消费质量明显改善——改革开放40年经济社会发展成就系列报告之四》，2018年8月31日。网址：http：//www.stats.gov.cn/ztjc/ztfx/ggkf40n/ 201808/t20180831_1620079.html。

的政治出错了。太多的人认为选举就等于民主。美国人不理解金钱是如何瓦解民主的，也不明白美国精英阶层如何利用金钱来重塑美国的经济体制和政治体制，他们这样做使经济和政治权势越来越集中到自己手里。斯蒂格利茨说，美国已经滑入了"一美元一票"的陷阱。一人一票，英文是"One Person, One Vote"，现在是"One Dollar, One Vote"，也就是说，美国政治制度是被金钱操纵的，用我们的话说，就是被资本力量操纵的。

最后，斯蒂格利茨说：美国的价值观也出错了。美国人忘记了经济应该服务于人，而不是相反。美国混淆了目的和手段：全球化本来应该创造更强大的经济，使经济更好地为人服务，但在美国却不是这样。

我们的对话一开始，斯蒂格利茨就说今天的美国面临着严峻的挑战：美国已经在事实上变成了一个少数人统治多数人的国家，而且少数人蔑视多数人的权利。比方说，绝大多数美国人希望管控枪支，希望提高最低工资标准，希望能享受全民医保服务，等等，但都实现不了。他把这些少数人称为剥削者，他们有自己的利益和议程，他们知道自己的利益和议程得不到多数人的支持，便设法剥夺百姓的公民权，包括阻挠选民投票，不公正地划分选区，最高法院允许金钱左右美国政治等。

我说，以我自己对政治体制的研究，一个国家要达到运转良好的理想状态，需要政治力量、社会力量和资本力量之间达到一种有利于绝大多数人利益的平衡。美国的麻烦在于资本力量过于强大，它捕获了美国的社会力量和政治力量。我说，您在书中呼吁要加强民主，加强制衡机制，但如果相互制衡的行政、司法和立法（也就是美国所谓的三权分立）都被资本力量捕获，那怎么进行改革呢？也就是我经常讲的，本质上，美国的行政、司法和立法这些属于政治领域的三个部门，都被资本力量左右了，那怎么可能通过加强三权制衡来进行改革呢？

斯蒂格利茨回应说，他基本同意我的观点，他说，当社会不平等现象过于突出的时候，制衡系统是起不了作用的。超级富翁可以以这样或那样的方式，获得一种支配地位。从美国体制的组织结构来看，美国是有制衡机制的，但现在财富的影响力凌驾于这种机制之上，这就是美国今天面临的困境。正是出于这个原因，他一直呼吁把消除美国的财富不平等作为核心议题，不过他也认为，美国的不平等现象已经如此之严重，要扭转它绝非易事，但他还是坚持认为，美国民主在这方面能够发挥作用。

此时，我追问他，这还涉及另一个重要问题，即一个社会如何形成一起干事的共识。我简单介绍了中国模式的做法，我说中国采用协商民主的方式，也就是问计于民，从人民中来，到人民中去，集中大家的智慧，进行一轮一轮的协商，专家的意见与百姓的意见结合。我以中国制定"十四五规划"为例，指出制定一个五年规划要在中国上上下下各个层面经过成百上千次协商，就各种目标达成共识，拿出可行的方案，中央做出最后决定，然后全国上下一起开始落实。但美国现在政治和社会高度分裂，尽管您提到了拜登的许多思路，如促进平等、缩小贫富差距、枪支管控等得到广泛社会支持，但他同时也面临强大的反对力量，结果美国社会共识无法形成，那么各项必要的改革如何能被推动呢？

斯蒂格利茨回应说，尽管反对的声音非常大，但美国社会多数人就许多问题还是有共识的。他说，美国的言论自由和新闻自由还未被完全破坏，在美国你可以公开批评特朗普总统，我们都在批评他，我们说他就是个骗子，所以美国还是有可能推进改革的。

这个问题当时没有时间展开讨论，我只是回应说，批评或者谩骂领导人是一回事，能起多大作用又是另一回事，英文叫作participation without influence（参与，但起不了多少作用）。其实，纵观美国历史，20世纪60年代的约翰逊总统，面对国内风起云涌的反战浪潮，还硬是把美国拖入越南战争的泥潭；20世纪90年代的小布什总统，面对许多反对意见，还是把美国带进伊拉克、阿富汗战争的深渊。这几年的特朗普总统，面对铺天盖地的批评乃至弹劾威胁，依然我行我素长达四年之久，即使输掉这次选举，他的影响力估计还会延续下去。中国历史上也有类似的例子，明朝万历皇帝时期，朝廷存在一定的言论自由，很多人批评皇帝二三十年不理朝政，但言者谆谆，听者藐藐，没什么作用，最终山雨欲来风满楼，大厦将倾，谁也没有回天之力。

美国模式似乎也是这样，谁都可以骂总统，但起不了多少作用，往往要等四年才可能调整一次。然而现代社会的变化节奏很快，等不起这么缓慢的纠错过程。就像新冠肺炎疫情防控过程中，美国在九个月内因为疫情有超过25万人去世，[1] 但期间看不到任何纠错机制发挥作用。而中国在湖北省战疫的两个月中，就处分了3 000多名有失职责的干部，[2] 相比之下，美国体制回应社会关切的速度太慢了。现在美国又陷入某种第三世界的政治危机：大选结束了，一方认为自己赢得了选举，另一方则否定选举结果的合法性。

接着我又和他探讨了美国进行改革的另外一个难题，那就是过度的法条主义，或者说是法治系统的僵化。比方说，美国公众普遍希望更好地管控枪支，但这就要修订美国宪法的第二修正案，但美国修宪的门槛非常之高，要国会两院以三分之二以上多数通过，然后要四分之三的州议会批准。美国政治已经高度极化，这看上去根本不可能实现。在这样的情况下，改革如何推动呢？

斯蒂格利茨的回答很有意思，他针对我说的控枪问题说，美国宪法没有具体规定最高法院大法官人数，越来越多的人认为最高法院应该增加大法官人数。宪法关于持有武器权利的第二修正案的解释是大约100年前才形成的，你可以对这项修正案做出不同的解读。但斯蒂格利茨指出，美国遇事就问当年立法者的意图，但这些立法者当时大都是奴隶主，用他们当年的

---

1 Erin Schumaker, Mark Nichols, "An American Tragedy: Inside the Towns Hardest Hit by Coronavirus", in *ABC News*, Nov. 19, 2020.

2 叶志强：《疫情问责坚持实事求是是彰显人性温度》，《中国纪检监察》，2020年第9期。

认知来指导21世纪的美国，这是非常荒谬的。

虽然斯蒂格利茨提出了一种实现美国体制改革的方法，即通过增加美国最高法院自由派大法官人数的比例，对美国宪法有关内容做出有利于改革的解释，但我对此难以秉持乐观的态度。从中国人的视角看，美国司法制度的问题在于没有中国人的"政道"观，中国的"政道"就是人民整体和长远的利益，用"道"来管"术"——即具体的法条，等等，该修改的就要修改，该调整的就要调整。从中国视角出发，没有"政道"理念，而只有法律条文，美国的改革将很难推动。还是以控枪为例，美国步枪协会是美国最有影响力的游说组织之一，每年都砸重金游说美国国会议员，阻挠任何关于控枪问题的讨论，这种公开的金钱政治使具有广泛共识的问题也很难进入美国国会的议程之中。

我接着主动把话题转到他书中多次提到的美国历史上三次比较成功的改革上：一次是"进步时代"（the Progressive Era），大致是1880—1920年左右，当时美国面临的是政治和经济生活中腐败横行的局面，老罗斯福总统推动了一系列制度改革；另一次是罗斯福新政，也就是在美国经历1929年经济大衰退后，小罗斯福总统从1933年开始，推行以国家干预为主要内容的"新政"，包括社会工程、社会救济等，使美国避免了整体崩溃；最后一次就是20世纪60年代约翰逊总统的所谓"伟大社会"改革，在包括"向贫困宣战""保障民权"及医疗卫生等方面采取了一系列新的措施。

但我说，相较于这三个历史先例，今天的美国正如你在书中详细描述的那样，金钱的力量比当年强大无数倍，社会更加分裂。当年推动美国社会进步的是正在扩大的中产阶级，而今天美国的中产阶级规模一直在缩小，持续这么多年的身份政治更具有分裂倾向，比方说基于性别（支持同性恋还是反对同性恋等），基于族裔（白人还是少数族裔），基于意识形态和党派等，这种身份政治使今天的美国社会远远没有过去的那种凝聚力。另外，改革时代都需要有能力、有魄力、有远见的领导人，而美国今天的政治制度，乃至整个西方政治模式，更容易产生煽动民粹主义，助长短视行为的政客，而非改革型的政治家。

可能因为时间有限，斯蒂格利茨没有全面回应我的这个问题，而只是说他看好拜登。他说，谁也不知道是否能产生下一个罗斯福，但每个时代都呼唤着不同类型的领导人，他希望拜登能够成为这样一个领导人。

我们交谈了一个小时，我对这场对话的总体感觉是，斯蒂格利茨对美国经济和政治制度的问题认识相当深刻，但他提出的许多改革举措，只能说是"应然"而非"实然"的，也就是属于"应该如何做"，而非真正可以实施的。对话的最后，斯蒂格利茨强烈地表示：一定要拒绝福山先生提出的"历史终结论"，历史不会都走向西方制度，世界各国都应该探索符合自己国情的政治制度。听到他的这番话，我说真希望由您来出任美国总统，那对美国、对世界都会非常之好。他大笑。我们在愉快的笑声中结束了这场难忘的对话。

新的思想解放：美国神话不再

中国过去数十年波澜壮阔的崛起，伴随着一次又一次的思想解放，其中有两次是尤为重要的。一次发生在1978年，另一次发生在1992年。

1978年关于"实践是检验真理的唯一标准"的讨论，可以说是一次伟大的思想解放运动。当时我刚考进复旦大学念书，至今还能回忆起讨论这个话题时感到的刺激和震撼。

《实践是检验真理的唯一标准》这篇文章，原来只是《光明日报》哲学版（1978年5月11日）的一篇稿件，作者是南京大学的哲学教师胡福明，他认为"两个凡是"是违背马克思主义的。稿件清样送到《光明日报》总编辑杨西光那里，他敏锐地看到这篇文章对国家发展方向的意义，他与作者一起商讨文章的修改，提出文章要明确提出：其一，完整地、准确地理解毛泽东思想，这也是邓小平拨乱反正思想的一个核心；其二，要明确点出"两个凡是"是错误的。

文章先在中央党校的内部刊物《理论动态》上刊登。当时中央党校有人说："《光明日报》自己不敢发，要《理论动态》先发。"杨西光听了很生气，说："这样吧，《理论动态》发表时，注上《光明日报》供稿，我不怕。"[1]作为理论工作者的胡福明也好，作为宣传部门领导的杨西光也好，他们都展示了一种

---

[1] 金冲及：《一个"大写的人"》，《文摘报》，2015年5月21日。

真正的实事求是精神和担当精神。

文章后来以本报特约评论员的名义于1978年5月11日在《光明日报》头版发表——我至今还收藏着当时发行的这份报纸。文章在《光明日报》一公开，立即引发了全国范围内的讨论，邓小平本人高度肯定了这场讨论，他讲了一番振聋发聩的话："一个党，一个国家，一个民族，如果一切从本本出发，思想僵化，迷信盛行，那它就不能前进，它的生机就停止了，就要亡党亡国。"[1]可以说这场讨论使我们的国家摆脱了教条主义的束缚，重新回到了毛主席长期倡导的"实事求是"思想路线，使我们能在"前三十年"成就的基础上开启改革开放的伟大进程。

1992年，我们又经历了一次伟大的思想解放。那一年，世界刚刚经历了苏联瓦解、东欧崩溃的剧变，西方世界一片欢呼声，我国国内也有不少人怀疑中国的五星红旗还能飘扬多久；还有不少人对改革开放，特别是市场经济充满疑虑。邓小平于1992年初视察南方，发表了一系列谈话，呼吁坚持社会主义，坚持改革开放，坚持提高人民生活水平。他对一直争论不休的市场经济问题做了一锤定音的判断。他说，资本主义也有计划，社会主义也有市场。衡量中国发展好与坏的标准不是本本，而要看是否有利于发展生产力，是否有利于提高人民生活水平，是否有利于增加综合国力。[2]这次思想解放为中国确立社会主义市场经济

---

1 《邓小平文选（第二卷）》，第143页。
2 《邓小平文选（第三卷）》，第372—373页。

模式奠定了基础，这个模式虽然还在完善之中，但事实证明，它已经带来了人民生活水平的迅速提高和中国的全面崛起。

党的十八大以来，我们又进一步深化了对中国共产党执政规律的认识、对社会主义建设规律的认识、对人类社会发展规律的认识，中国也因此而发生了新的历史性变革。这催生了中国人近几十年的第三次思想解放。2020年伊始暴发的新冠肺炎疫情更是让不同社会制度和治理模式同台竞争，中国用抗疫的人民战争、阻击战和总体战，[1]赢得了疫情防控的重大战略成果。对绝大多数国人来说，这场战疫是惊涛骇浪般的生命体验，我们的民众在体验中变得更为成熟，尤其是年轻人。普通百姓从中国抗疫模式的成功和西方抗疫模式的溃败中，庆幸自己生活在中国，生活在一个拥抱"生命至上"伟大文化的社会主义国家，生活在一个国家治理水平经得起国际比较的超大规模的现代国家。这种制度和文化上的"心胜"，怎么评价其意义都不会过分。这使我们多数的普通百姓，特别是年轻人，不再仰视西方，而是平视西方，甚至在不少方面乐于俯视西方。

中国移动互联网和社交媒体平台技术及应用深度均走在世界前列，这也是促成新的思想解放的原因，"一部手机，知晓世界"，百姓获得了更开阔的国际视野，人民通过一个又一个鲜活的案例增长了见识，对今天西方制度劣势的认知也不断深化，克服了对西方制度"神话"的盲目崇拜，还有比这更好的思想

1　颜晓峰：《坚决打赢疫情防控的人民战争总体战阻击战》，《人民日报》，2020年2月26日。

解放吗？

这方面的例子俯拾皆是，我暂举十例：

第一，据说多党竞争更可能产生为民服务的领导人，但实际上怎么就是选出了那么一些对人民整体利益不上心的领导人？他们在应对疫情时更像任性的"熊孩子"或是冷酷的投机分子，跟着感觉走，而非跟着科学走，罔顾人民的生命和健康，这不是草菅人命吗？

第二，据说西方民主制度可以更好地问责，但请对照一下，中国湖北一个省在疫情期间就处分了 3 000 多名有失职责的干部，而美国有这么多人因疫情失去生命，至 2021 年 4 月 30 日，美国因疫情死亡的绝对人数（约 59 万例）已是中国（4 636 例）的 100 多倍，但美国人口只有中国的四分之一不到。这么长的时间过去了，美国的问责制体现在哪里？如果说四年一次的总统选举就是美式问责制，那也太漫长了，更不要说这个劳民伤财的对抗性竞选过程本身造成了多少疫情感染与死亡。

第三，据说西方国家最讲人权，美国会用"拯救大兵瑞恩"的精神拯救每一个人，但从"群体免疫"到无视老年人的生命，数数看，美国有多少养老院的员工抛弃了老人逃走，多少医院放弃了救治年长者或有基础疾病的人？

第四，据说西方新闻自由可以让人民知情并做出理性的选择，但美国领导人带头"满嘴跑火车"，主流媒体和社交媒体充斥着党争，一切都政治化了，连是否戴口罩都要争论几个月，这样的信息混战事实上误导了民众，如何让人做出理性的选择？

第五，据说言论自由可以让"吹哨人"提前发出警报，但美国的情况表明，只要你敢违背资本的力量，多少"吹哨人"也没用，资本叫你噤声你就要噤声，不管你是科学家、大夫还是航空母舰舰长。

第六，据说医疗市场化可以让供需自动达到平衡，美国是医疗市场化最充分的西方国家，但结果是数千万人没有医保，数千万人医保不足。轻症不看病，等重了看病可能要破产，如此落后的医疗体系怎么能够应对像新冠肺炎疫情这样的大危机？

第七，据说欧美国家的公民素质高，市民高度自律，但没想到那么多人根本就不遵守保持社交距离的要求。国人在新冠抗疫中真正见识了西方社会的反智力量，从纵火焚烧5G基站、喝消毒水防疫，到相信上帝可以驱散病毒，无奇不有。许多"公民社会组织"忙的不是抗疫，反而是上街抵制抗疫措施。

第八，据说美联储遵循经济学原理，严格把控货币供应，但为了救股市，救经济，美国可以拼命印钱，转嫁危机。

第九，据说美国是市场经济国家，通过市场这只"看不见的手"进行调节，可以避免权力寻租；据说美国还是法治国家，私有财产神圣不可侵犯，哪怕一间小破屋，"风能进，雨能进，但国王不能进"。然而总统居然可以强行要求中国的字节跳动公司出售TikTok，否则它将被强行关闭；总统还张口要"佣金"，"因为是我们让这笔交易成为可能"。[1]

---

1 《库德洛承认了：特朗普想从中国出售TikTok中收回扣，这是不寻常的》，观察者网，2020年8月20日。

第十，据说美国尊重个人隐私，但美国边境人员，无须事先申请搜查令，就可以扣留和检查任何人的手机、手提电脑等电子设备和通信记录等个人信息。更有甚者，美国竟然还会公布"被制裁人员"的住址和身份信息。

总之，抗疫促成的这场思想解放，让我们看到美国这些年的所作所为，可谓蛮横、冷酷、愚昧。美国标榜的民主、法治、人权、公平竞争、互联网自由并没有体现在现实治理中，有些甚至变成了笑话。抗疫过程中曾有人大力鼓吹：美国有民主、自由、人权，没有人会掩盖疫情；疫情将在萌芽状态下被消灭；美国CDC（美国疾病控制与预防中心）效率极高，医疗水平特别先进；7万多护士自愿奔赴纽约；美国的瑞德西韦神药是人类的希望；以美国的动员能力和生产能力，分分钟消灭病毒；美国有35艘医疗船，一夜之间180个战地医院将遍布美国……一场疫情下来，证明这些只是虚构出来的"皇帝的新装"。

2020年7月21日，美国悍然单方面要求关闭中国驻休斯敦总领事馆，中国则在48小时内宣布反制措施：关闭美国驻成都总领事馆。对于我国的这一决策，网友脑洞大开，有人建议把这个地方改为"川普火锅店"，有人建议把这条"美领事馆路"改名为"没领事馆路"，有人建议唢呐吹起来。网友也称赞央视用5G实况直播美领馆关闭，说这叫"以其人之道还治其人之身"，"来而不往非礼也"。也有网友这样写道：1999年，中国人是含着泪，在美国使领馆前抗议；2020年，中国人是带着笑，在美国使领馆前打卡合影。

这个事件让我们深切感受到，我们正在见证历史，我们正在见证时代巨变。绝大多数中国人对于中美外交冲突升级很淡定，因为美国神话终结了，美国"魔力"消失了。我们的人民思想解放了，我们的百姓坚定、自信、乐观，不恐美，不崇美，不怕美，压倒性地支持政府的决定。我们对美国的长处和短处看得清清楚楚，它的短处正在越来越多地压倒它的长处。我们在战术上重视它，但在战略上我们已经可以藐视它。

大家可能还记得，2011年的时候，美国前驻华大使洪博培提出过"扳倒中国"（take China down）的设想。他当时是这样说的，"我们应该联合我们的盟友和中国国内的支持者，他们是被称为互联网一代的年轻人。中国有5亿互联网用户，8 000万博主。他们将带来变化，类似的变化将扳倒中国。与此同时我们将获得上升机会，并找回我们的经济生产力量"。[1]

可今天他要彻底失望了。同样失望的还有抱着"颠覆中国"幻想的美国当局。中国"互联网一代的年轻人"，也就是以"90后""95后""00后"为主的群体，应该是中国近代以来最自信的一代人，他们是真正地完全平视西方的一代人。在这个意义上，以破除西方主导的自由主义教条和迷信为指向的思想解放，其意义将十分深远。因为它主要来自民间，来自年轻人，来自人民，来自互联网革命，来自我们每个人都亲身参加的这场伟大的战疫，来自全方位的国际比较，也来自这些年"上下互动"

---

1 《洪博培鼓吹利用年轻网民扳倒中国》，搜狐视频，2011年11月18日。网址见 http://tv.sohu.com/20111118/n326007203.html。

的中国自信教育与实践。经历足具震撼力的伟大实践，经过上下互动的这场思想解放，对多数国人来说，都是一种无与伦比的"心胜"，它带来的将是国人思想的去美国化，这种"心胜"必将伴随我们中华民族从富起来到强起来的整个进程！

对西方的双重标准说"不"

为何说对西方的"心胜"非常重要，为何亟须冲破西方话语体系的垄断？因为西方并非知行合一，他们在评判民主和世界的许多问题时，充满了双重标准。

2021年新年伊始的1月6日，美国国会发生了一起严重的骚乱，上千名特朗普支持者攻进美国国会大厦，抗议美国大选选举结果，正在进行的参众两院联席会议被打断，副总统彭斯与议员们不得不狼狈撤离。荷枪实弹的安保人员释放烟雾弹，开展逐层"清场"，其间还传来枪声，共有五人死亡。示威者还"攻陷"了众议院议长佩洛西的办公室，她的电脑还开着，可见撤离的时候她一定也很狼狈。之后佩洛西发表讲话称，"今天，我们的'民主'遭到了可耻的攻击"，示威者"亵渎了美国民主这一'民主殿堂'"。[1]

然而，大家一定记得她一年半前对香港"修例风波"持

---

1 美国议院议长网站（www.speaker.gov），"Pelosi Remarks Upon Reconvening of the House of Representatives"，Jan. 6, 2021。

"幸灾乐祸"的态度。当时她吹捧暴徒，谴责港警，把香港的示威描述成"一道美丽的风景线"。[1]同样，西方主流媒体都异口同声地谴责这些冲击美国国会的示威者是"暴徒""极端分子"，西方国家的领导人也纷纷出来谴责他们对民主和法治的亵渎。然而一年半前香港发生冲击立法会的骚乱时，西方主流媒体和政治人物却称这些人为"民主斗士""和平示威者"，美国国会甚至还通过所谓《香港人权与民主法案》来支持乱港行为。

同样可用来举例的还有，英国的病毒变异是9月份就发现的，但到12月英国才通报世界卫生组织；2020年12月，30多万伦敦市民因为伦敦封城而"外逃"，英国遭到全世界上百个国家"禁航"。相比之下，中国在2019年末第一时间就把出现异常疾病的信息通报给世卫组织和一些国家，随后中国科技人员又在一个月内做出了病毒的基因排序并向世界公布。

然而，西方不良政客和主流媒体迄今还在宣称所谓中国隐瞒疫情，以"甩锅"中国。同样，2020年1月23日武汉封城，14亿中国人民在第一时间全力投入战疫，为外部世界的战疫赢得了至少一个月时间，但当时《纽约时报》发文，认为这给"人们的生活与自由带来了巨大损失"，[2]更多的西方媒体则谴责中国政府"侵犯"人权。但2020年3月份意大利为了控制疫情决定封锁米兰、威尼斯等城市时，《纽约时报》则称意大利冒着

---

1 《佩洛西称香港游行是"美丽的风景线"华春莹回应》，"央视新闻"（微信公众号），2019年8月2日。

2 "China May Be Beating the Coronavirus, at a Painful Cost", in *New York Times*, Mar. 8, 2020.

牺牲自己经济的风险来阻止"疫情的蔓延"。[1]

2020年底还发生了一桩荒谬的事件。根据澳大利亚媒体披露的消息，2009—2013年间，澳大利亚特种部队在阿富汗先后非法杀害了39名平民和囚犯。中国外交部发言人赵立坚在社交媒体发文，谴责澳大利亚士兵残杀阿富汗平民的行为，并转发了中国青年画家"乌合麒麟"的一幅漫画作品。画面中，一名澳大利亚士兵手持利刃，威胁抱着羊的阿富汗儿童。漫画下方配文"不要害怕，我们来这里是为了给你们带来和平"。但没想到这幅画激怒了澳大利亚总理斯科特·莫里森（Scott Morrison），他居然要求中国为这幅漫画道歉，称所有澳大利亚人、澳大利亚士兵都觉得被深深冒犯。[2]接着美国等西方国家的高层官员纷纷发表声明，声援澳大利亚总理的无理要求。其实这幅作品只是一个中国青年画家根据澳大利亚官方报告，创作的一幅计算机图形画作。大家一定记得，一家丹麦报纸在2020年初曾刊登一幅漫画，画的是带有冠状病毒形状图案的中国国旗。中方强烈抗议，但丹麦首相梅特·弗雷泽里克森（Mette Frederiksen）却振振有词地辩解说："我们丹麦有言论自由——也有绘画的自由。"[3]

上述这些林林总总的事实说明了什么？四个字：双重标准，

1　"As Coronavirus Spreads South in Italy. Top Official in Rome Tests Positive", in *New York Times*, Mar. 8, 2020.

2　Stephen Dziedzic, "Scott Morrison Demands Apology from China over Shocking Tweet", in *Foreign Affairs*, Nov. 29, 2020.

3　"Coronavirus: Denmark in Cartoon Bust-up with China over Flag", in *BBC*, Jan. 29, 2020.

或者两个字：双标。同样的事情，发生在西方是一个标准，发生在中国或其他国家，则是另一个标准。

其实，在更广的范围，西方采用双重标准的做法几乎无处不在。在政治领域，美国长期以"民主灯塔""人权法官"自居，每年发布一份体现美国意志的所谓"人权白皮书"，对世界各国的人权状况评头论足。这份报告对自己及其盟国是一个标准，对中国等其他国家又是一个标准。在经济领域，美国给中国贴上了"国家资本主义""经济民族主义""重商主义"的帽子，自己却奉行贸易保护主义、美国利益优先和经济霸凌主义。西方国家都有大量的产业补贴，却指责中国对高技术产业的政策帮扶。在军事领域也是一样，2019年美国自己的军费开支超过7 000亿美元，是排在美国后面的十个国家的总和，[1]但它却指责中国"穷兵黩武"。美国自己在世界各地拥有500余处海外军事基地，却反复指责"中国寻求建设海外基地"。在反恐领域，中国新疆等地曾发生的多起恐怖主义事件，西方都认为不属于恐怖主义，但它们却把本国发生的很多小规模袭击都称为恐怖主义活动。

这种无处不在的双重标准用中国话来形容就是"只许州官放火，不许百姓点灯"。那么我们就不得不追问一个问题，西方这种蛮不讲理的双重标准是怎么形成的？

我这里以在双重标准方面表现最为恶劣的美国为例，做一

1　数据来源：斯德哥尔摩国际和平研究所（SIPRI）于4月27日发布的《2019年全球军费报告》。

个简要的分析。我想这首先源于美国的宗教和政治文化中长期存在的"美国例外论"。美国人喜欢自诩为"上帝选民",把美国看作浑浊黑暗世界中的明亮灯塔,是全人类效仿的典范。这种自我塑造的神话可追溯到17世纪初第一批欧洲清教徒移民到北美的时刻,他们声称"我们将成为山巅之城(City upon a Hill),全世界的目光都注视着我们"。[1]这种"上帝选民"的心态使美国主流精英总体上不具备自我反省的能力,他们想当然地认为,美国的民主制度哪怕在道德上也优于其他制度,美国是维护世界繁荣与秩序不可缺少的国家。

与"美国例外论"相关联的就是"美国霸权合理论"。也就是说,既然美国人是"上帝选民",那么美国就应该"替天行道",其他国家就必须配合美国政策,否则美国可以惩罚不配合的国家。而在这一切的背后,我们现在看得越来越清楚,只是为了在世界范围内实现美国资本利益的最大化。作为信仰"美国霸权合理论"的国家,美国一贯唯我独尊,信奉"强权即公理",倚仗其超级大国的实力欺凌弱小国家,时不时就想改造其他国家,甚至常常不惜付诸武力。

这一切又被冷战期间美国强烈的反共意识形态所强化。苏联曾是美国竭尽全力要整垮的对手,苏联解体后,特别是随着中国的崛起,美国又把矛头对准了中国,认为中国是为数不多的可以挑战它的对手。正基于此,美国公开诋毁中国的政治制

1　Robert C. Winthrop, *Life and Letters of John Winthrop*, 1867, p.19.

度，公开支持中国内部的分裂势力和敌对势力，甚至寻求与盟友结合，对中国发动"新冷战"。

那么，我们应该如何应对西方特别是美国的双重标准呢？我想首先就是当头棒喝。西方是最承认实力的，哪里出现双标，我们就揭露它、抵制它，直至让它变成不得人心的过街老鼠。现在我们的外交部发言人几乎天天都要正面回怼西方的双重标准，我们的民间力量也在不断地学会斗争。例如，澳大利亚总理莫里森提出要中国外交部发言人就"乌合麒麟"的漫画一事道歉的时候，"乌合麒麟"便通过社交媒体发布了他的新作《致莫里森》。画面中，一名酷似莫里森的男子高喊"道歉"，但西方记者的摄像机都对向了瘦弱的画师，无人在意身后澳大利亚军人还在猎杀平民，无人在意阿富汗的平民死难者。

除了正面回击，我们也可以用调侃的方式来质疑西方。比方说，西方国家这些年一直流行一个观点，"人权高于主权"，西方可以以捍卫人权的名义，直接干预其他国家的内政，甚至不惜使用军事手段。我曾撰文建议西方应该先从自己做起。比方说，欧盟可以率先谴责和制裁美国，因为美国发动的伊拉克战争是大规模侵犯人权的行为；西方国家也可以要求联合国通过一个决议，谴责和制裁所有尚未实现男女同工同酬的西方国家，因为男女同工同酬早已是国际社会公认的基本人权，但绝大多数西方国家迄今都没有做到。如果连这样的要求都不敢提，那只能说明西方奉行的是双重标准，即所谓"人权高于主权"等于"西方国家的主权高于人权"，这种双重标准是我们绝对不能接受的。2021年的美国国会山骚乱发生后，黎巴嫩一位资深外交官穆罕默德·萨法（Mohamad Safa）发出的一段推特文字，一下子火遍了整个网络，把美国政客双标的虚伪彻底暴露在世人面前，他是这样调侃美国的："如果美国看到美国正在对美国做的事，美国肯定会入侵美国，以便从美国暴政的手中解放美国。"[1]

当然，还有更加直接的方法，那就是以实际行动，将计就计，迎头痛击西方的双重标准。比方说，西方在香港问题上，一直以司法独立为名，大肆干预香港事务，美国国会甚至通过多项荒谬的涉港法案，中国人民忍无可忍，最终全国人民代表大会根据《中华人民共和国宪法》和《中华人民共和国香港特别行政区基本法》，直接制定了《中华人民共和国香港特别行政区维护国家安全法》，以强有力的法律手段，一举把"港独"打回原形，沉重打击了西方国家支持"港独"的嚣张气焰。

其实，西方今天做的很多事情，包括颜色革命、双重标准，等等，最终都将是"搬起石头砸自己的脚"。正如毛主席所说，"以损人的目的开始，以害己的结果告终。这将是一切反动政策的发展规律"。[2]西方奉行双重标准谋一己私利，已经损害了多少国家和人民的利益，从乌克兰颜色革命造成的内乱灾难到阿富汗战争带来的生灵涂炭，结果只能是"多行不义必自毙"。在美国佩洛西议长把香港"修例风波"说成是"一道漂亮的风景

1　Ai Jun, "US Should be Careful of an 'American Spring'", in *Global Times*, Jan. 7, 2021.

2　《毛泽东外交文选》，中央文献出版社、世界知识出版社，1994年，第23页。

线"后才过去一年半时间，这道"漂亮的风景线"就涌现在佩洛西办公的"民主圣殿"里。难怪俄罗斯国家杜马国际事务委员会主席列昂尼德·斯卢茨基（Leonid Slutsky）说，2021年的1月6日美国国会山的骚乱是"颜色革命回归美国"，美方正在自食其果。[1]美国对外关系委员会会长理查德·哈斯也发文感叹："从今以后，世界上再也不会有人以同样的方式看待、尊重、恐惧或者依赖我们。如果说后美国时代有一个开始日期，那几乎可以肯定就是今天。"[2]

世界进入"后美国时代""后美国民主模式""后西方时代"，这些都是百年未有之大变局的时代特征。

让世界听懂中国政治故事

中国崛起是人类历史上的奇迹，从来没有如此多的人在如此短的时间内改变了自己的命运。这种奇迹是中国人民在中国共产党的领导下实现的，是中国人民沿着中国特色社会主义道路，实行人民民主，不断探索和奋斗取得的，从这个意义上说，中国的政治故事是世界上最精彩的故事。

然而，将这个精彩的故事讲述给世界并不那么简单。首先

---

1 "Putin Silent on Washington Unrest as Russian Foreign Ministry Calls, U.S. Electoral System Archaic", in *The Moscow Times*, Jan. 7, 2021.
2 Richard N. Haass, "America's Disarray is China's Opportunity", in *Financial Times*, Jan. 18, 2021.

是来自外部的挑战，特别是西方话语对中国的"围剿"从未停止，在话语权争夺的意义上，西方对中国软实力的崛起更为恐惧，因为这可能终结西方几个世纪以来所建构的西方制度神话和话语霸权。

其次，我们还面临着来自内部的挑战：在意识形态领域，具有大局智慧的管理者还太少，一些官员和学者缺乏真正的"四个自信"；一些官员存有"党八股"的问题，话语没有亲和力和说服力；还有一些学者存有"洋八股"的问题，言必称"希腊"，结果既读不懂中国，也读不懂世界；新社交媒体则广泛存有"媚俗"的问题。

另外，具有思想穿透力的话语和思辨不足，也是讲好中国政治故事的难处所在。除了官方话语以外，我们的学术话语、大众话语、国际话语等，还满足不了讲好中国政治故事的需求。总之，我们话语建设的进程还明显落后于我们国家崛起的规模和速度。

然而，我们不用悲观，因为中国的迅速崛起已经震撼了世界，它是一个世界人民都能感受到的实实在在的存在，外部世界对于中国崛起及其政治叙述的需求越来越大，我们需要做的就是增加高质量的供给。这也称得上是一种"供给侧结构性改革"。我们有理由相信，随着我们把中国话语建设的工作做实、做透，最终我们讲好中国政治故事的能力一定能够跟上中国崛起的步伐，从而为中国成为社会主义现代化一流强国做好完整的话语准备。

讲好中国政治故事，很大程度上取决于我们能否真正地解构西方话语，特别是西方话语对中国的主流叙述，并确立我们自己对中国和世界的政治叙述。这种叙述不能只是官方话语或官方话语的简单重复，它应该是一种能够融官方话语、学术话语、大众话语和国际话语为一体的新话语，一种真正能够广为传播、入脑入心的话语。这很大程度上也是因为西方对中国的话语围剿是这四种话语的组合拳，我们必须反其道而行之。我们应该破字当头，立在其中，在解构西方政治话语和话语霸权的同时，推进中国新政治话语的建构。在这一进程中，我认为下面五点尤为重要。

首先，原创研究。原创性的研究比什么都重要。唯有通过原创性研究，我们才能提供有思想力量的产品，才能真正颠覆西方话语对中国和世界的主流叙事。长期以来，西方对中国的主流政治叙事总是基于一个极其浅薄而又充满偏见的话语范式，即所谓的"民主还是专制"的话语范式，而"什么是民主""什么是专制"，又是由西方一家界定的。他们把西方实行的那种多党制和普选制界定为唯一可行的民主制度和"普世价值"，认为唯有采用这种模式的国家，才能成为一个"正常国家"，才能被以西方为首的所谓"国际社会"所接受。在这种话语主导下，中国政治制度被描绘成"专制的"，然后西方可以不停地质疑：中国什么时候进行政治改革？只要不接受西方的这种政治逻辑，就相当于支持"专制"。

通过原创性的研究，我们认为西方政治学的这种主流范式是可以被颠覆的，我们认为，如果世界上的政治制度只能分为两类的话，那不是"民主还是专制"，而只能是"良政还是劣政"。我们应该用"良政还是劣政"的范式来代替"民主还是专制"的范式，否则西方既即读不懂中国，也读不懂自己。

我们还聚焦美国政治模式，认为美国人引以为自豪的所谓"三权分立"，已经是美国政治制度的一个主要桎梏：因为分析现代国家，关键要看的不是所谓政治领域内的立法、司法、行政三权分立，而是要在一个更广的范围内看一个国家的政治、社会和资本三种力量之间的关系，看这种关系是否有利于这个国家绝大多数人的长远和根本利益。美国政治面临的最大挑战是三种力量的关系中，资本力量独大，几乎可以完全控制政治和社会力量，这是美国金融危机、社会危机、对外穷兵黩武等诸多问题的根本原因。

其次，跨国比较。没有比较就没有鉴别。政治故事只有在国际比较中才能讲得更清楚。我们把重点放在制度绩效的国际比较上。我常用的比较方法是把世界上的国家分成三大类：第一类是发展中国家，第二类是转型经济国家，第三类是西方国家。然后把过去数十年中国的制度绩效与这三类国家的制度绩效进行比较，从而得出一些经得起检验的慎重结论。在这个过程中，我又把重点放在中国与美国的比较上。通过与美国这个超级大国的比较，中国的道路自信和制度自信反而确立得更为坚定。

比如，我经常比较上海和纽约，这两个城市都属于各自国家的发达板块，论名义GDP，纽约比上海高大约四倍，但家庭中位净资产，也就是老百姓究竟有多少家底，以及人均预期寿命、婴儿死亡率、社会治安、基础设施等指标，上海都好于纽约。这些都是普通百姓最关心的指标，在这些方面我们做得比纽约好很多。当然，这本身也反映了以名义GDP作为衡量发展情况的指标存在很多问题，我一直有一个主张，每当我们公布一个所谓与国际接轨的指标时，最好同时也公布一个更能反映中国人最关心事宜的、更接地气的指标。

第三，文化叙事。中国政治故事通过文化传统的叙述来进行，往往会更具说服力。把中国政治选择背后深厚的文化底蕴揭示和呈现出来，是确立中国政治叙事的好方法。这也印证了习近平总书记所说的文化自信是"更基本，更广泛，更深厚的自信"。我提出中国是一个"文明型国家"就是这种努力的一部分。我尝试从中国古老文明与超大型现代国家结合的视角来介绍中国崛起和中国道路，这既是客观事实的陈述，也为中国政治制度的文化叙述提供了新的视角。我特别提出，这种"文明型国家"不需要别人认可也可以独立存在和发展，它的政治和经济模式在很多方面，在过去与别人不一样，现在也与众不同，今后还是自成体系。这就像汉语扩大自己的影响，不需要英语的认可；就像《孙子兵法》不需要克劳塞维茨来认可；就像孔夫子不需要柏拉图来认可；就像中国的宏观调控，不需要美联储来认可。而更可能发生的倒是前者逐步影响后者：汉语可能会逐步影响英语的发展；《孙子兵法》已经并将继续影响西方军事思想的发展；孔夫子和柏拉图都为人类社会提供了宝贵的智慧；中国的宏观调控和疫情防控，美国可以从中借鉴的东西不少。

对于西方诟病最多的所谓"一党制"，我们也可以从中国的政治文化传承来介绍：中国是个超大型的文明型国家，是一个"百国之和"的国家，也就是成百上千的国家在历史中慢慢整合起来的国家。自秦始皇统一中国以后，中国的政治文化就形成了统一执政集团的传统，否则国家就可能四分五裂，而反对国家分裂几乎一直是中国政治文化最重要的传统之一。辛亥革命后中国曾经尝试西方的多党制，但国家很快陷入了四分五裂、军阀混战的局面。中国共产党是中国历史上统一执政集团这种政治文化传统的延续和发展，也是马克思列宁主义政党传统的继承和发展。

中国政治叙事也可以从中国"民本主义"的政治文化传统来阐发。这种文化传承拒绝政治机器空转（这是西方政治模式的最大弊病之一），政治必须落到改善民生的实处，而且随着时代的发展，民生的改善不仅包括物质生活的改善，也包括精神和文化生活的改善。这条道路现在越走越宽广，对外部世界的吸引力也越来越大。

第四，现代视角。中国的崛起是21世纪最引人瞩目的大事，尽管西方一些主流媒体出于意识形态等原因还在竭力诋毁中国，但今天的世界已经可以切实感受到中国的崛起：中国的商品，中国的游客，中国的投资，中国抗疫模式的成功等，在世界范围内形成了巨大的存在感。我老说"一出国，就爱国"，这很大程度上就是因为许多国人出国后发现中国在现代化的诸多方面都走在西方的前面。把中国领先西方的现代化成就及其背后的制度安排说清楚，能使中国的政治叙事更具说服力、传播力和感染力。

以中国互联网发展模式为例，西方国家把互联网变成一种政治工具，以信息自由和言论自由的名义，对别国进行"政权更迭"，结果将"阿拉伯之春"变成了"阿拉伯之冬"，又酿成了随之而来的欧洲难民危机，这场危机反过来又加深了欧洲内部的各种矛盾和民粹主义，最终是搬起石头砸自己的脚。某种意义上，新社交媒体已开始颠覆西方自己的政治生态。与此相反，中国互联网治理的总方针是民本主义导向，正如习近平总书记所说，要适应人民期待和需求，加快信息化服务普及，降低应用成本，为老百姓提供用得上、用得起、用得好的信息服务，让亿万人民在共享互联网发展成果上有更多获得感。[1]在这种民本主义模式指导下，中国成了世界上唯一一个"一部手机，全部搞定"的国家。中国的互联网产业和数字经济获得了跨越式的发展，中国已经走到了第四次工业革命的第一方阵。

第五，中国标准，国际表述。制度竞争也好，话语竞争也好，说到底，标准竞争是关键。正如我们在前文提到的，标准竞争有三种方法，一是追随者方法，二是参与者方法，三是领导者方法。在国际话语舞台上，西方一贯奉行领导者战略，在全球范围内推动西方的政治标准，几乎打遍天下无对手，直至碰到了今天的中国。中国崛起背后是自己的一整套行之有效的

---

1 《习近平总书记在网络安全和信息化工作座谈会上的讲话》，新华社，2016年4月25日。

思路和方法，我们有必要对这些思路和方法进行提炼，使之逐步成为可以进行跨国比较的国际标准。随着中国特色社会主义进入由富起来到强起来的新时代，这也应该是"中国标准"崛起的新时代。

这要求我们要善于通过原创性研究，把中国成功的经验提炼成国际社会能够理解的话语，其中核心概念的提炼和表述最为重要。我这些年做了不少这方面的尝试。例如，我把西方当代政治制度的最大特征概括为"选举"（election，多数西方人也会同意这种概括），然后与此相对照，我把中国当代政治制度的主要特征概括为"选拔+选举"（selection+election），并根据两种模式绩效的对比，提出以"选举"为主的社会将竞争不过把"选拔"和"选举"结合起来的社会。

我把西方民主模式下的治国理政概括为日益民粹化的模式（即所谓跟着"民意"走的模式），而把中国治国理政的经验概括为"民意"与"民心"（即代表人民整体和长远利益）的结合，并提出以"民意"来治国的国家将竞争不过把"民意"和"民心"结合起来的国家。

我把经济领域内的新自由主义概括为"市场原教旨主义"，把中国经济发展模式概括为"市场"与"计划"的有机结合，并且认为只有市场经济一条腿走路的社会，将竞争不过把"市场"和"计划"有机结合起来两条腿走路的社会。

我把西方民主概括为"政体"（即形式民主）主导的制度模式，把中国模式概括为"政道"（即实质民主）与（不断探索）

"政体"结合的模式，并提出只关注"政体"的模式将竞争不过把"政道"和"政体"有机结合起来的模式。

我还把西方社会概括为以个人利益为核心的社会，提出这种社会将竞争不过能够把个人利益和集体利益有机结合起来的社会。对于英国政治家丘吉尔的名言，民主是最坏的制度，但其他已尝试的制度更坏，我认为只是在西方的文化背景中才是如此，这只是中国古代军事战略家孙子所说的"下下策"，它无非是保证领导人该出局的时候可以出局。然而，在中国"选贤任能"的政治传统中，国家要同时追求"上上策"的目标，即力求选拔出尽可能卓越的领导人。这当然不容易，但这种努力不会停止。中国通过政治制度上的创新，已经产生了一系列制度安排，在很大程度上实现了"上上策"（选出久经考验的领导人）与保底的"下下策"（保证应该离开领导岗位的人离开）的结合，这无疑是超越了西方那种只有"下下策"的制度安排的。

如前所述，美国人谈美国政治制度喜欢讨论三权分立，我提出分析现代政治关键要看的不是三权分立（因为立法、司法、行政三权都属于政治领域），而是更大范围内三种力量（政治、社会、资本）的关系是否有利于一个国家绝大多数人的长远和根本利益，乃至整个人类的共同利益。美国政治模式面临的最大挑战是三种力量的关系中，资本力量独大，几乎可以完全控制政治领域内的三权，这是美国金融危机和社会危机等诸多问题的根本原因。资本无祖国，这些年西方资本力量对政治力量和社会力量的影响又出现了新现象：在今天，资本力量要求改善本国政治制度和社会结构的愿望已明显减少，因为通过全球化和网络化，他们利润的最大来源地往往已不是本国，这也是西方面临的一个新的制度困境。

相比之下，虽然中国的贫富差距有所扩大，但对共同富裕的追求一直是中国政治力量的目标，保证了全体民众，包括弱势群体生活水平的大幅提高。中国社会力量延续了中国平民主义的传统，社会主流几乎也一直倾向于节制资本。三种力量的这种平衡格局应该是中国得以避免美国式金融危机和债务危机的主要原因，这可能也是普通百姓的"中国梦"前景已经比"美国梦"的前景更为精彩的主要原因。

我从中国经验中提炼出了三条标准，来评述世界各国的治国理政能力：（一）一个国家是否具有能够代表人民整体利益的政治力量；（二）政府的整合能力和改革能力是强还是弱；（三）市场作用与政府作用是否能够较好地结合起来。这三条标准可以用来衡量一个国家的综合竞争能力及其未来前景。

总之，从以上五个层面着力，我们完全有可能把中国政治故事讲得更透彻、更精彩，从而为丰富人类政治文明提供中国智慧。

百年未有之大变局与大机遇

2020年11月29日晚，观传媒在上海举行了一场大型年终活动，邀请我做了压轴演讲。我谈了创作《这就是中国》的心路历程以及我对中西方政治制度比较、疫情后的世界格局等一系列重大问题的判断。以下是我演讲的全文，录于此，作为本书的最后一部分，也许对读者会有所启发。

　　大家好，今天我们这么多人在上海的市中心——南京西路——欢聚一堂，参加观传媒的年终秀，在这个新冠肺炎疫情肆虐的世界上，坦率地讲，这是一种奢侈。14亿人生活的中国是这个世界为数不多的一块土地，经济社会生活已经满血复活。今年6月的时候，我参加芒克辩论会，和牛津大学蒂莫西·艾什（Timothy Ash）教授辩论中国战疫模式的成功是否说明中国模式优于西方自由民主模式，我说YES，他说No。我说道理很简单，此时此刻，你若生活在中华人民共和国，你的安全感是生活在美国、英国的百倍，我指的是免于感染新冠肺炎或死于新冠肺炎的安全感，这背后就是中国制度和治理模式的成功。我查了一下截至昨天，也就是2020年11月28日，美国因为疫情而死亡的绝对人数已经是中国的58倍，中国人口是美国的4.2倍多，所以中国免于死于新冠肺炎的人均安全感应该是美国的200多倍，确切地说是244倍。如果用免于感染新冠肺炎来计算，那中国的人均安全感应该是美国的近600倍。什么叫制度自信？这就是制度自信。什么叫伟大的国家？这就是伟大的国家。这就是中国。

谈到"这就是中国",我自然想到了我们的电视节目《这就是中国》,这是复旦大学中国研究院、观视频、观察者网与东方卫视一起打造的一档思想政论节目。我刚才问了观视频的编导,我待会儿演讲的时候,能否表扬一下自己,他们说当然可以了。表扬什么呢?因为在过去这惊心动魄的一两年里,我们对一系列重大问题做出了比较正确的预测和判断。复旦大学中国研究院是国家高端智库,中央对高端智库的要求,如果用一句话来概括的话,那就是在遇到国内外重大事件的时候,要能拿出一锤定音的意见。中央广泛听取各个智库的意见,问计于民,问计于专家,最后实行民主集中,做出慎重的决定。现在我给大家汇报一下我们这一两年作出的几个判断。

首先是关于美国的判断。2019年1月我们开始做《这就是中国》节目,它实际上是2018年12月录制的,当时正好赶上中国华为公司高管孟晚舟女士被加拿大非法扣留,在《这就是中国》第一期节目中,我说了这么一句话,美国已经开始采取"下三滥"的手段,我们要知道怎么应对。我说好在中国领导人是经历过"文革"乱世的,我们知道怎么对付"流氓"。当时我们内部有争议,这句话能否播出,我坚持这句话一定要播出,一定,一定,一定,重要的事情说三遍,最后播出的效果非常之好。实际上这也是一种建言,我们做出了判断:美国已经变成一个蛮不讲理、毫无信誉可言的国家,我们的对美谈判也好，反击措施也好，一定要考虑这个变化，不能抱有幻想。2019年5月的时候，《金融时报》专栏作者马丁·沃尔夫（Martin Wolf）也公开撰文，称美国变成了一个"流氓超级大国"，与我们的判断高度吻合。他说，在中美贸易战中，欧洲作为盟国，本应该支持美国，但现在美国变成了不守规矩的"流氓超级大国"，我们不能支持它。[1]过去这两年中美关系的跌宕起伏和美国的拙劣表现，证明我们对美国的定性判断是及时的、准确的，也就是华为创始人任正非在送别"荣耀"时说的：美国某些政客不是为了纠正我们，而是要打死我们。[2]

至于拜登上台后，美国是否会改变？"芒克辩论会"主持人在采访我时也问了这个问题。我说，拜登曾经调侃过特朗普：Donald, please grow up.（唐纳德，你快长大呀。）我希望拜登和他的团队是一个心智成熟的成年人政府，尽快使美国摆脱"熊孩子""痞子流氓"政府的形象，这个要求不高。如果不懂得怎么产生心智成熟的成年人政府，我们可以教你们，如果不懂得如何产生优秀领导人，我们可以给你们开课。中美两个大国要发展既有竞争也有合作的双边关系，即使竞争为主也没有关系，总有合作的领域，这对中

1　Martin Wolf, "The US-China Conflict Challenges the World", in *Financial Times*, May 23, 2019.

2　《任正非：美国某些政客不是为了纠正我们，而是要打死我们》，观察者网，2020年11月26日。

美双方都好，对世界也好。但如果美国还是要继续要流氓，对不起，中国人不吃这一套，美国必将为此付出沉重的代价。

第二是关于疫情的判断。这次疫情一暴发，西方媒体就像打了鸡血一样地激动起来，宣布这是中国的"切尔诺贝利时刻"，还说暴发在武汉，正好是当年中国辛亥革命进行的地方，中国政治体制将因此而崩溃。我们则通过观传媒，通过《这就是中国》节目，第一时间表示了我们的判断：这不会是中国的"切尔诺贝利时刻"，而更可能是西方自己的"切尔诺贝利时刻"。果然，后来欧美国家的疫情防控荒腔走板，伤亡惨重。2020年10月14日，《纽约时报》专栏作家托马斯·弗里德曼撰文承认，本以为这场疫情是中国的"切尔诺贝利"，结果却成了西方的"滑铁卢"。我们的预测比他早八个月。[1]

第三是中美贸易战爆发后，网络上有很多投降的声音，什么"趁还来得及的时候，赶快妥协吧""对30岁以下的年轻人来讲，如果这次没搞对，年轻人就回去洗洗睡吧"。我们着急啊，这些言论是错误的，我们手中有一手好牌，我们通过观传媒，通过《这就是中国》节目，及时发出了我们的声音：美国将输掉这场贸易战，双方都会受损失，但美国的损失将更大，大很多。我当时讲

1　Thomas L. Friedman, "China Got Better. We Got Sicker. Thanks. Trump", in *New York Times*, Oct. 14, 2020.

了四点：第一，美国是搬起石头砸自己的脚；第二，美国是将帅无能、累死三军，特朗普关于贸易战的决策水平是四流的，这个水平怎么好意思出来打仗？第三，得道多助，失道寡助；第四，你打你的，我打我的。回头看，我们的判断经受住了检验。不久前，美国政府前贸易代表，世界银行前行长罗伯特·佐利克（Robert B. Zoellick）用详尽的数据证明，美国是如何输掉这场中美贸易战的。他指出，特朗普上任时宣布，他将结束美国对中国的贸易逆差。但2019年美国对华贸易赤字还是没有减少，还是3 400多亿美元，而今年因为疫情，前十个月，中国对美国的出口增加了20%。[1]美国资本也在加速流向中国，现在有学者甚至判断说，华尔街都想搬到中国来，华尔街知道哪里的财富增长得最快。

第四是对疫情后世界格局演变的大判断。我们在第一时间指出，与历史上的大疫情一样，这场疫情将改变人类历史进程，从发展大势来看，虽然还会有沟沟坎坎，甚至惊涛骇浪，但世界将以更快的速度向东方倾斜，向中国倾斜，向社会主义倾斜，这次疫情"世界大战"就是这种倾斜的催化剂！现在看来，这个判断也是靠谱的。几天前，RCEP的签订印证了这一点。

我们讲向东方倾斜：这次东亚国家，或者说所有用

---

1 Robert B. Zoellick, "Trump is Losing His New 'Cold War' with China", in *Washington Post*, Oct. 8, 2020.

筷子的国家，所有受儒家传统文化影响的国家，疫情防控和经济复苏的水平，都明显好于欧美国家，世界看好东亚，东亚国家自己也更加自信了。

我们讲向中国倾斜：中国在RCEP中经济占比为55%，是最举足轻重的国家，中国成功抗击疫情的优秀表现赢得了东亚国家的赞扬，东亚地区围绕中国的产业链、供应链将越来越牢固，中国正在带动整个东亚地区走出疫情带来的阴霾。中日韩自贸区谈判，过去主要由于美国的阻挠一直未能成功，现在日本、韩国都抓住了美国陷入疫情困境和选举乱象无暇他顾之际，果断地签署了协议，使中日韩能够在RCEP框架下，打造某种形式的中日韩自贸区。《纽约时报》感叹：世界不等我们了。[1]

至于向社会主义倾斜：我们已经看到在RCEP协议中，没有西方主导的类似协议中那种涉及国有企业、产业政策的内容，也没有涉及所谓独立工会的条款，不少西方专家认为这是对中国模式的默认。在一个更广的意义上，如果我们采用世界多数国家对社会主义的理解——也就是政府在经济社会生活中的作用更大一些——那么现在世界各国，包括所有西方国家在内，他们内部的社会主义因素都在增加。

过去的2020年实在是太不平凡了，我们付出了巨大

1　"China-Led Trade Pact is Signed, in Challenge to U.S.", in *New York Times*, Nov. 15, 2020.

的努力和代价，但也取得了巨大的成功，特别是中国社会形成了一系列非常宝贵的共识，所以中国社会的凝聚力前所未有，人民的自信心空前高涨，这为我们从容应对百年未有之大变局，打下了非常好的基础，其中我觉得有这么一些社会共识，特别珍贵。

首先是通过对这场战疫的国际比较，我们对自己制度优势的认知从未像今天这么亲切与深刻。我们从中国抗疫模式的成功和西方抗疫模式的溃败中，庆幸自己生活在中国，生活在一个最尊重生命的社会主义国家，生活在一个经得起全方位国际比较的伟大国家。这是中国人民的"心胜"，社会主义对资本主义的"心胜"，这也是一场伟大的思想解放，在绝大多数国人心中，特别是年轻人心中：西方模式走下神坛，美国神话走向终结！我还是这句老话：中国模式并非十全十美，它有许多可以改进的地方，但就现在这个水平已经可以和西方模式竞争并胜出。

第二个共识是，中国亲西方的公知受到重创，有人说这是中国公知集体崩塌元年。大家一定还记得中国公知在这次疫情过程中的许多"无脑吹"：什么美国有民主、自由、人权，没有人会掩盖疫情，疫情将在萌芽状态下被消灭；什么美国CDC效率极高，医疗水平特别先进，7万多护士自愿奔赴纽约；什么美国的瑞德西韦神药是人类的希望，以美国动员能力和生产能力，分分钟消灭病毒；什么美国有35艘医疗船，一夜之间180个战地医院将遍布美国。但一场疫情下来，证明这些只是中国公知虚构出来的，他们的灯塔国被一仗打回原形。我一直搞不懂，我们的公知为什么都待在中国，享受社会主义中国的各种福祉，包括超级的安全感，就是不去他们无比热爱的美国，现在美国最需要他们帮忙呀，当个志愿者也好呀，写写日记也可以呀，而且现在去美国的单程机票，我讲的是单程机票，非常便宜，要抓紧这个机会呀。

第三个共识是，自主创新刻不容缓。过去国内一直有很多争议，究竟是以自主创新为主呢，还是以走国际化、市场化道路为主？结果特朗普一轮又一轮的科技战，使中国人看到了我们别无选择，核心技术是买不来，要不来的，在核心技术方面，我们必须走自主创新之路，走科技自立自强之路。我们的国防产业一直有一个说法，美国封锁什么，我们就能生产什么，而且还有中国自己的独门绝技。不久前，习近平总书记在一个讲话中提到中国科技的一个独特优势，那就是"新技术快速大规模应用和迭代升级的独特优势"，[1] 中国具有14亿人口的超大规模的应用市场，产品迭代升级比任何国家都快。我相信最后为中美科技战后悔的不会是中国，而是美国。可能不出几年，美国肠子都要悔青的。届时我们一定要

---

1 本报评论员：《以辩证思维看待新发展阶段的新机遇新挑战——论学习贯彻习近平总书记在经济社会领域专家座谈会上重要讲话》，《人民日报》，2020年8月26日。

记着给特朗普阁下颁发中华人民共和国"特殊贡献奖"。

第四个共识是我们要抓住机遇，促进国家统一。这些年，特别是近年来，"台独"势力日益猖獗，中国社会普遍对于台湾当局失去耐心，一种更加广泛的社会共识正在形成：我们必须给走在"台独"道路上的台湾当局迎头痛击，甚至是一个根本性的打击，就像打击"港独"一样。"港独"曾经猖狂于一时，但被"香港国安法"一仗打回原形。2020年9月美国副国务卿基思·克拉奇（Keith Krach）访台，我们抓住了机遇，开始强有力地进行实战化军事演练，一举废掉所谓的"海峡中线"。据报道，蔡英文曾对克拉奇说：我们有决心迈出关键的一步。[1]我们都知道她所谓"关键的一步"是什么，如果她敢冒这个险，我们务必成全她，顺势而为，一举从战略上彻底解决台湾问题。我们手中的牌太多了，除了军事手段外，还有经济牌、外交牌、金融牌、文化牌、法律牌，等等，我们可以以坚定的制度自信来处理台湾问题，以"台独"势力听得懂的语言来处理"台独"问题，争取早日实现国家统一。

第五个共识是一种方法论：一切在于国际比较，没有比较就没有鉴别。这次战疫，如果没有跟西方的比较，国内不少人还会以为中国做得很差，现在一比较，我们

1　Tu Yun, "It's Heroin but Taiwan Treats it Like a Cure", in *CGTN*, Sep. 21, 2020.

才知道中国做得是如此出众。有人说，你不要比烂，我说，比烂是西方发明的，是英国首相丘吉尔发明的。丘吉尔说，西方民主制度并不好，但是其他制度更不好，所以西方民主制度是最不坏的制度。他的这个说法忽悠了很多国家，结果这些国家要么从希望走向失望，要么从希望走向绝望。大家可能记得疫情暴发不久，湖北黄冈有一个一问三不知的卫健委主任，很快被撤职，但后来我看到报道，她已经十多天没有回家了，一直在第一线战疫。[1]美国整个政府系统内，能找出这么一个十多天在第一线战疫的官员吗？我估计我们把湖北这次受到处分的3 000多名干部派到美国去做疫情防控，也比美国现在这个政府干得好。我们不能用我们的高标准与美国比，美国差得太远了。用我们的低标准比一比，可能也比他们做得好。横向的国际比较也是我本人，是观视频、观察者网和《这就是中国》一直采用的方法，我们可以肯定地说，中国模式在国际比较中相对胜出。

最后一个共识，也就是我们今天演讲的主题，那就是在中国与外部世界的关系中，有些方面我们要和外部世界接轨，如WTO的规则；有些方面不要接轨，如西方的政治制度，这是一个一路走衰的制度；有些是别人要和我们接轨，不接轨他就要蒙受巨大的损失，如疫情防

---

1 《黄冈卫健委主任一问三不知，提名免职前没在卫生系统任过职》，《南方都市报》，2020年1月31日。

控，我现在还看不到比中国模式更好的方法。现在你有申根签证，就可以访问欧洲，但谁敢去？就是对他们的防控标准不放心。一会儿是不允许民众戴口罩，这是病人才带的；一会儿是建议民众戴口罩；一会儿是强烈建议民众戴口罩。于是民众上街抗议戴口罩，顺便还烧掉一批5G基站，政府就干脆放任。还有我们提出建设人类命运共同体，美国拒不接受，但回头看一下，如果美国接受这个理念，哪怕只接受20%，它的疫情防控就可以比现在好很多倍，它至少不会拒绝世界卫生组织的防控建议，也不会"甩锅"中国，而是寻求中国的帮助，这种无知与蛮横的结局是一场国家灾难。顺便说一句，在国际上传播中国理念的时候，我比较喜欢从西方自己的利益出发谈这些理念，如果你不接受这些理念，你自己会蒙受巨大的损失，西方能听得懂。

这使我想起了曾成功预测苏联崩溃的挪威学者约翰·加尔通（Johan Galtung），他在2009年的时候出版了一本书《美帝国的崩溃》（*The Fall of the US Empire—And Then What?*），他预测，美帝国将于2020年崩溃。[1]究竟什么叫帝国崩溃，大家可能有不同的理解，但加尔通提出了一个颇有见地的概念，叫作"魔力"（the Magic）的消失，即帝国对世界的统治靠的是"魔力"，

1　[挪威]约翰·加尔通：《美帝国的崩溃》，阮岳湘译，人民出版社，2013年。

所谓"魔力"就是一整套迷糊人的光环，如"美国是山巅之国"，"肩负文明开化使命"，"美国的制度和文化具有无比的优越性"，等等。一旦这种"魔力"消失殆尽，帝国就走下神坛直至崩溃。2020年，美国是否崩溃是一回事，但抗疫溃败无疑使这一年成为美国模式乃至整个西方模式"魔力"消失的关键年。皇帝新装不再，魔力光环不再，这就是这次疫情给我们最大的思想解放。

我刚才和大家分享了我的四个判断和我眼中的五个共识。有了这样的判断和共识，我们会发现我们所处的百年未有之大变局，就是百年未有之大机遇，我们应该谋定而后动，该出手时，一定要出手！

后　记

中国人对"百"字是情有独钟的，我们讲百年老店、百花齐放、百炼成钢，等等。2021年7月正逢中国共产党建党百年华诞，也正逢我们在上海东方卫视推出的思想型政论节目《这就是中国》播出百期。我们做这个节目的初衷就是以中国人的眼光看中国、看世界，解构西方话语对中国、中国共产党乃至整个世界的主流叙述，建构中国人自己对中国事务和外部世界的主流叙述，而民主问题又是这种解构与建构的重中之重。

本书以《这就是中国》涉及民主问题的二十来篇演讲为主，同时整合了我的一些其他相关文章和演讲，反映了我对中西方民主制度比较研究的最新成果，特别是结合中西方疫情防控对比的一些最新思考。

《这就是中国》节目是在复旦大学中国研究院和观察者网的联合支持下，由观视频工作室与上海东方卫视联合制作的。我借此机会衷心感谢潘小礫研究员，王之宇、潘亦萱等编导及观视频团队；感谢金仲伟研究员、周小婷评论主编等及观察者网团队；感谢中国研究院，特别是范勇鹏、余亮、李世默、沙烨等资深研究员；感谢上海广播电视台，特别是袁雷、任静、何婕、朱濛濛及两任台长高韵斐和宋炯明等资深媒体人。没有大家齐心协力的合作，节目的成功是难以想象的。我还要由衷感谢上海人民出版社社长王为松、副总编辑姚映然和编辑贾忠贤等的努力和付出。最后，还要感谢妻子慧慧和儿子逸舟的理解和支持。

本书的研究工作得到了国家社科基金重大项目（18VBN003和2018MZD024）的支持，在此一并致以诚挚谢意！

张维为

2021 年 7 月 23 日

于淀山湖畔

索　引

244

文景
————
Horizon

社 科 新 知　文 艺 新 潮

这就是中国：何谓民主

张维为 著

出 品 人：姚映然
责任编辑：贾忠贤
版式设计：安克晨
装帧设计：梁依宁

出　　品　北京世纪文景文化传播有限责任公司
　　　　　（北京朝阳区东土城路8号林达大厦A座4A　100013）
出版发行　上海人民出版社
印　　刷　北京中科印刷有限公司
制　　版　南京展望文化发展有限公司

开 本：700mm×1020mm　1/16
印 张：16　字 数：160,000　插页：2
2021年10月第1版　　2021年10月第1次印刷
定 价：45.00元
ISBN：978-7-208-17246-3 / D·3804

图书在版编目（CIP）数据

这就是中国：何谓民主 / 张维为著 . —上海：上
海人民出版社，2021
ISBN 978-7-208-17246-3

Ⅰ. ①这… Ⅱ. ①张… Ⅲ. ①社会主义民主-研究-
中国 Ⅳ. ① D616

中国版本图书馆 CIP 数据核字（2021）第 190394 号

本书如有印装错误，请致电本社更换 010-52187586